ここまできた部落問題の解決

―「部落差別解消推進法」は何が問題か―

部落問題研究所：編

◆部落問題研究所◆

はじめに

「部落差別の解消の推進に関する法律」（以下「法律」）が、２０１６年12月9日、参議院本会議で可決・成立した（12月16日公布）。この「法律」には重大な問題がある（第三部の論考を参照）。

第一は、「法律」は「部落差別」なる言葉を登場させたが、定義がないため何を解消するのかが明確でないことである。第二は、「法律」を必要とする立法事実が存在しないことである。部落問題の解決が進み、特別の法律を必要とする実態（立法事実）は基本的には存在しない。第三は、にもかかわらず、国・地方公共団体に「部落差別の解消に関する施策」を講じる責務を規定していることである。これは同和対策の復活を意味する。これ以上同和対策を続けることは「差別解消に必ずしも有効ではない」（総務省大臣官房地域改善対策室「今後の同和行政について」２００１年）ことが、同和対策を終結する確認点だったはずである。第四は、国に「部落差別の実態に関する調査」を義務づけていることである。これは特定し得ない「同和関係者」を洗い出すという新たな人権侵害を生み出す。第五は、恒久法とすることで、部落の存在と同和対策を半永久的に継続させることになることである。

こうした部落問題の解決過程を無視した「部落差別解消推進法」を批判するにあたって、まず部落問題がどのような道筋の中で解決されてきたのか（第一部）、現在部落問題の解決がどこまで進んでいるのか（第二部）を明らかにすることを重視した。部落問題の解決過程が不可逆的に進行してきた事実の確認こそ、「法律」の問題点を理解する基本的な力になると考えたからである。

目　次

第一部　部落問題解決の道程

第二部　部落問題の解決はどこまで進んだか

第三部　「部落差別解消推進法」の批判

第一部　部落問題解決の道程

第一章　体験的に見た部落問題解決の道程

成澤　榮壽

一　祖父・父・私の体験の違い

１９４４年の晩秋、国民学校４年生の私は、東京からの集団疎開先より、長野県上田市の祖父の生まれた未解放部落（以下、部落という）、諏訪部区の通称下村へ疎開した。そこで先に疎開していた祖父・成澤榮之助（１８７５〜１９６２）から、敗戦後、被差別体験を聴かされた。部落問題との最初の出会いである。

祖父は、明治維新の「改革」の一つ、「賤民解放令」布告の４年後の生まれ。部落の子ども達は、地域の「普通学校」への入学は忌避されていた。早生まれの榮之助はそれよりも１年早く、数え年６歳で諏訪部村の枝郷下村から部落の児童だけが通う、鎌原村の枝郷の豊原にある「部落学校」へ入学した。部落の児童の大半は、極貧家庭故に、義務制の小学校初等科３年も卒業出来なかったが、それ以上に不就学が多かった。

しかし、祖父は中等科４〜６年を経て、小県郡でおそらく、部落から唯１人、上田街学校の高等科（７・８年）に進学した。地域の普通学校にも高等科はあったが、忌避されたからだろう。

榮之助が上級進学出来たのは、生家が上田藩の穢多頭の幕末における分家で藩内の皮革役を牛耳り、祖父の父も明治初期から皮革問屋と小売りを兼ね、皮革製品や履物を商い、小作地を所有し、経済的に豊かだったからだ。しかし、登下校の際、心ない生徒達に待ち伏せされ、絶えず暴行を加えられ、迫害に耐えかねて中途退学を余儀なくされた。

１８８８年に信越本線が開通し、上田停留場が開設され、停車場へ行き来する大通り松尾町(まつおちょう)が出来た。榮之助の父は店を松屋町に開いた。しかし、祭の提灯が祖父の家にだけ配られず、神輿が店内に飛び込んで商品を傷めるなど、忌避と迫害は厳しかった。祖父は屈辱に耐えられず、渡米を決意した。

しかし、周囲に反対され、浅草の部落に隣する今戸で皮革問屋と靴製造を手広くやっていた花井清吉の勧めで東京へ出、花井商店の製靴に弟子入りした。花井は明治初年に佐倉藩が行った士族授産事業（製革）の出身で、靴甲皮の断ち売りの元祖である。榮之助は、１９０２年、靴屋として独立し、浅草寺の東、馬道に店を構え、花井の娘・満津（１８８３~１９３８）と結婚した。

大正初期に、榮之助は足袋製造に転じ、鞐(こはぜ)で取った新案特許を足袋会社に売った資金を元手に問屋を兼ねた。浅草寺の北、猿若町へ移って倉庫に夏足袋を安く買い集め、植民地の台湾を始めとする南方の日本人の正月用に売り捌(さば)いた。

部落問題の第2の出会いは、１９４６年11月の部落解放長野県委員会の発足である。父・成澤英雄（１９０４~１９９０）が書記長となり、疎開先の家に事務所が置かれ、父は１９４７年から2年間、参議院副議長・松本治一郎の公設秘書と全国委員会常任委員を務め、書記長を代行していたので留守がちだったが、書記局の青年達のもとで、父が副委員長になるまで「雑用」を手伝わされて部落解放運動への関心を強めた。

父は、上田町北郊の部落豊原区の生まれ。旧藩の穢多小頭の子孫だが、祖父が１８８４年の松方デフレによる農村不況の影響で養蚕に失敗し、零落していた。５歳年長の兄・忠雄は小学校尋常科６年を終える以前から父親と共に、何軒もの養蚕農家から桑畑の手入れなどを請け負って重労働に励んだ。英雄も早くからこれを手伝ったが、高等科２年を卒業することが出来た。父は８年間を通して、直接差別言辞を浴びせられたことはない。

英雄は、１９１１年に上田町立尋常高等小学校の４年生までが学ぶ常磐城（ときわぎ）分教場へ入学した。部落の子どもの多くは、極貧のために中退した。しかし、部落外児童の部落児童に対する侮蔑的言動はあったが、迫害と言える程の差別はなかった。父には児童間で差別があると、差別的言動をした児童に注意を与え、差別されて登校拒否に陥った子どもを励まし、登校を促す部落内外の友人が何人かいた。その行動をあたたかく見守り、励まし、時には指導する教員集団があった。

１９１４年に分教場は上田西小学校となり、本校へ通っていた６年生が移って来た。その中に英雄の終生の友となる西脇区の西澤梅雄（後に上田市助役）がいた。彼は英雄達の活動に加わった。後に市役所（１９２１年5月市制施行）に勤務していた西澤は、１９２１年10月、上田市に設立された融和団体信濃同仁会の創立大会に参加、積極的に活動した。同仁会は全国の融和団体の中でもっとも自主性が強く、有力な一つとなった。

高等科を卒業して、兄・忠雄と土方に出た英雄は１９２１年に養蚕教師になるべく、その助手を勤め、免許証を取得するために、１９２５年10月、小県蚕業学校（現・上田東高校）の別科に入学し、翌年9月に終了した。しかし、養蚕教師にはならなかった。１９２１年から同仁会の活動に参加していた父は、同仁会の理事長・成澤伍一郎（弁護士。松井須磨子の従兄妹。後に上田市長）や親友の西澤らに勧められ、１９２６年、同仁会の専任主事に就任した。しかし、１９３４年に榮之助の養女（姪）の千代子（１９０９～２００６）との結婚のために東京へ出、中央融和事業協会入りし、主として部落の自覚・経済更正運動に従事することになった。千代子は、足袋製造の下請内職者たちのいる浅草の部落へ出入りしていたため、疎遠になった級友がおり、差別撤廃に取り組む人との結婚を望んでいた。

小県蚕業別科で父と同級だった2歳年少の五十嵐友幸は、青年の自主的な学習組織、上田自由大学に連なり、活動していた。彼の勧誘で父も時々聴講した。五十嵐は自由大学の若手の中心だった猪坂直一の『生糸の国』誌の記者となり、同仁会の活動にも協力したが、東洋経済新報社の懸賞論文に当選して、石橋湛山の推薦で同盟通信社（共同通信の前身）に入社し、敗戦直前に信濃毎日新聞社へ転じ、後に、現在とは傾向を異にする読売の論説委員になった。彼は、１９３６年、英雄の末妹と周囲の猛反対に抗して結婚した。

私は祖父とは59歳、父とは30歳、年齢が違う。私や妹弟は結婚問題を含めて被差別体験は皆無である。私の場合、部落外の人と結婚したいと希求していた訳ではなかったが、結果としてそうなった。クリスチャンだった妹（１９３７～２００５）は見合い結婚だが、松本にいる父の次妹の仲介で部落外の人と夫婦になった。信仰の関係からだった。

祖父は裕福な家に生まれたため、人一倍辛酸を嘗めた。私は貧困とは言えない家庭で生育したから、碌（ろく）にアルバイトをすることなしに大学を卒業することが出来た。父を加えて、3代の相違は何によって生じたか。一言で示せば、明治維新期からの国民の歴史を開く「自由獲得の努力」（憲法第97条）による。

疎開先は祖父が関東大震災後に仮住まいに建てた家で狭かったので、高校時代、しばしば、塩尻村（現上田市）の級友宅の個室（もと蚕室）で試験勉強をさせてもらった。彼の祖父のあとに風呂に入り、夕食を馳走になりながら。朝食もいただいてから、自転車で帰宅してカバンの中をとりかえて登校した。

花井清吉やわが家によく訪れた成澤伍一郎・西澤・五十嵐、先の級友を始めとする中学・高校の友人達と接して、私は部落外の人びとを差別者とは見なかった。彼等のように、彼等と共に「自由獲得の努力」（私の常套句）をすれば、部落問題は必ず解決すると考え、活動してきた心算である。

二　敗戦直後の差別事件の多発と先駆的な部落内外の共同闘争

1945年8月の敗戦から数年間は、部落住民に対する忌避と侮蔑は厳しく残存していた。それは、日本国憲法の大要が急速に多くの国民間に普及はしたものの、当初、一部の人達を除き、憲法の理念が必ずしも十分に国民の中に浸透していかなかったからである。

なぜか。主として侵略戦争の敗北の責任を取るべき支配層が旧支配層とはならず、支配層として居座わり、多くの国民は、明治期から形成されてきた「臣民意識」を払拭出来ず、天皇陛下に申し訳ないとの「国民総懺悔」の思想と対峙することが困難だったからだ。

これでは「民主日本建設」は掛け声だけになりがちとなり、「古さ」を残す地域の支配構造の改革やその一環ともなるべき部落問題の解決が、家庭内の改革と共に自由と民主主義の課題としてクローズアップされることは困難だった。

1946年2月に結成された部落解放全国委員会は、占領軍・GHQのもとでの「民主」的改革に過大な期待をしていた。極貧にあえぐ大多数の部落住民の経済生活上の要求を汲み取って応える運動を積極的にしてはいなかった。しかし、一方では表出した忌避や侮蔑、時に惹起した迫害に対して抗議し、撤廃や謝罪を要求する運動に各府県連合会が積極的に取り組んだ。

長野県連の差別事件を見ると、１９４７年～１９５０年に明るみに出た事件は8件であった。祭礼を巡って4件、学校給食を巡って2件（部落の母親が作った味噌汁を児童達が捨てる）、結婚問題による心中未遂１件、山林の入会権を巡って1件である。

このうち、上高井郡高山村で１９４８年3月におきた紫区事件は、祭礼の際、神楽（かぐら）奉納を巡って紫区青年団の3班（部落）が忌避・排除されたため、怒った部落の青年1人が暴力をふるい、部落の青年達が警察署に呼び出され、受持巡査から「肥桶はいくら洗っても肥桶だ」と侮蔑の言を吐かれ、最年長の青年が縊死した複雑な事件である。

１９４6年11月に発足した長野県部落解放委員会が、１９４８年5月に全国委員会長野県連に発展的に改組した大会で、紫区事件の調査委員の1人成澤忠雄が報告し、解決策が決議された。この大会は、私が初めて参加した部落解放の集会である。伯父の忠雄が声涙ともに下る演説をした。これを聴いて、私は何たることだと驚いた。上田市諏訪部区の部落は、遅くとも戦後直ちに、祭礼や盆踊りに差別なく参加していたからである。書記長の父・英雄が筆を加えた「解決方策決議」書案がわが手元にある。

紫区事件は新憲法の精神と未だ懸け離れている地域住民の社会認識・人権意識が旧身分の残滓に対する拘泥を生み、忌避・侮蔑を厳存させている現実を示した。しかし、この現実は部落住民の大多数が極貧である生活実態と深く関連している。部落と部落外の大きな経済的格差が教育上・環境上の格差を生み、それを基礎にして忌避・侮蔑が行われてきたのである。格差を縮小させ、解消をめざす経済的要求を積極的に取り上

表１　上田市の部落と全市の農業経営

		部　落	全　市
専兼別	専　業	10%	39%
	兼　業	90%	61%
経営面積別	１町以上	1%	3%
	５反以上１町未満	8%	27%
	３反以上５反未満	16%	24%
	３反未満	73%	46%
自小作別	自作	6%	35%
	自小作・小自作	11%	24%
	小作	66%	41%

1947調査（部落は5部落中、3部落160戸を対象に）

※合計が100%になっていない。

この表は別掲拙稿「信州上田の部落の話」により作成。

げることなしには、部落と部落外との障壁になっている忌避・侮蔑を除去することは困難だ。長野県解放委員会（長野県連）、殊に上田市解放委員会（上田地区協議会）は経済的要求実現に積極的に取り組んだ。

長野県解放委員会の発足の１週間後に結成された上田市解放委員会が、１９４８年１月に、経済的要求を掲げて上田市長に提出した「申請」文書に添付された部落の農業経営の実態を全市と比較出来る調査資料を示す（**表１**）。

「申請」に基づく市解放委の対市交渉は、まず、１９４７年に、参加しなかった千曲川左岸の２極小部落を除く、３部落の市有林10数町歩の貸与を実現させ、３部落を含む常磐城地区の日本農民組合支部と共同闘争を行ない、地区として市有林10数町歩を借り受けた。次いで諏訪部区の３区（通称下村＝旧藩時代の諏訪部村枝郷）と１区（通称本村）・２区（坂上・坂下）では、解放委員会が中心になって農民組合と共闘し、戦時中、軍需工場になっていた鐘ヶ淵紡績会社上田工場の農地と荒地の獲得闘争を展開、部落２対部落外１の割合で全世帯への土地解放を実現させた。林虎雄（労働運動出身）革新県政の政務副知事・伊藤富雄（農民運動出身）の示唆で、３反未満

表2　上田市諏訪部区の部落と部落外の農地保有面積

	総　計			水　田			畑			桑　畑		森　林	
	反	畝	歩	反	畝	歩	反	畝	歩	畝	歩	畝	歩
部落平均	2	4	13	1	4	02	1	0	0	2	13		0
部落外平均	4	3	02	2	7	05	1	2	06	7	04	3	24
部落／一般	０．５８			０．５２			０．８３			０．３０		０	

1957年　成澤榮壽調査。

この表は別掲拙稿「信州上田の部落の話」より所引。

の農地耕作者や非農家も農地解放の対象となった。

諏訪部区の部落住民と部落外住民は共にトロッコを押し、モッコを担ぎ、共同作業で荒地を開墾した。中学生も少なからずこれに参加し、私も祖父と共に働いた。その結果、獲得した土地は多くはなかったが、それでも畑地は、部落と部落外の格差をかなり縮小することが出来た（**表２**）。

共闘と共同作業は忌避・侮蔑の解消を前進させた。差別事件が少なからず惹起していた長野県でも部落と部落外のこのような共闘があった。この闘いは、後に部落解放同盟群馬県連や国民融合をめざす部落問題福井県会議などの活動に資することとなった。部落と部落外の共同した闘いの中でこそ、憲法の内実が先進的に獲得されていき、部落問題が解決に向かって前進していくのだと言えよう。

三　憲法意識の普及と部落問題への素直な関心の高まりの中で

１９５０年6月の朝鮮戦争の勃発は、わが国の軍事色を強めた。沖縄とはレベルが違うが、日本本土の米軍基地が、日本政府の全面協力のもとで前線基地として米占領軍に自由に使用された。のみならず、わが国は秘密裏に国際戦争に参加させられていた。

しかし、一方では、朝鮮戦争を契機に、わが国で平和希求が強まり、米国主導で講話条約を締結すれば、必然的に米軍が日本に駐留し、基地が存続して再軍備が促進されるから、全交戦国が合意出来る条約にすべきだと全面講和を要求する運動が発展し、これをリードして世論を喚起する論理が台頭した。

日米安全保障条約は日本国憲法と絶対的に矛盾する。１９５２年４月の片面講和条約の発効後のわが国政は、憲法と安保条約を対抗軸として今日に至っているが、全面講和の運動と論理の広がりで、反戦・平和の意識が憲法意識として国民の間に本格的に浸透し始めたことは重要だ。この運動と論理が安保体制を批判し、憲法をわがものにする憲法意識に発展し、憲法の精神が国民の中に普及・定着していったからである。

そのことと関連して、１９５５年で区切って護憲勢力の大衆運動を瞥見（べっけん）すると、この年、日本母親大会や原水爆禁止世界大会が始まり、原水爆禁止日本協議会が誕生し、部落解放全国委員会が部落解放同盟に改組されるなど、憲法を活かした戦後日本の民主的大衆運動の新たな出発とも言える発展があった。私自身が能動的に参加した早稲田大学部落問題研究会がこの年に誕生したのも、これに続く１９５８年の市民的文化団体・東京部落問題研究会の創立も、憲法意識の普及を背景にすることなしにはあり得なかった。

基地問題を例に部落解放運動の場合を見る。

１９５５年６月に全国軍事基地反対連絡会議が結成され、米軍基地新設・拡張阻止を主課題に、農地・山林・漁場等の強制収用反対、地域住民の生活権擁護の闘争を護憲勢力の支援を得て展開した。全国基地連は朝鮮戦争絡みで１９５２年に始まった石川県の内灘闘争、１９５３年からの山岳戦訓練基地反対の浅間・妙義闘争が成果を挙げつつある過程で結成された。

結成年の10月、武装警官隊の暴力による弾圧で多数の負傷者を出した東京の砂川闘争は、１９６9年に米空軍の基地からの撤退をかち取った。１９５5年に始まったこの闘争は、農民以外の人びとが本格的に多数参加した最初の基地闘争で、沖縄のより暴力的な接収に反対する闘争との共同を必然化して沖縄返還・「本土」復帰運動が発展し、警察官職務執行法（警職法）改悪反対闘争を経て、１９６０年安保闘争に繋がった。

これらの闘争や教職員に対する勤務評定に反対する闘争に参加した部落解放同盟の中で、長野・群馬両県連は浅間・妙義闘争で奮闘した。群馬県連の場合を記すと、県西部（西毛）の部落住民が妙義基地反対闘争に積極的に参加し、県連を大衆化し、青年部を東日本で最有力組織に成長させた。

群馬県連が西毛の妙義闘争で奮闘したのには、既に米軍の相馬ヶ原射撃場が存在していたという前提がある。僅かばかりの農地を接収されたために、年中出稼ぎを余儀なくされていた部落の青年達が、１９５４年10月、土地・仕事をよこせとの要求を部落外の農民達にも呼びかけて闘い始めた。それが妙義基地反対闘争と結合したのである。

折からジラード事件が惹起した。１９５7年1月、相馬ヶ原射撃場で銃砲弾の火薬入れ容器（薬莢（やっきょう））拾いをしていた部落の女性が米兵ジラードに射殺された。解放同盟は駐日米国大使に直ちに抗議し、抗議集会や新橋駅前での真相報告集会を開催した。私はその全てに参加したが、事件は日本政府の対米従属的動態や基地の悪しき存在実態と共に部落住民大多数の貧困を改めて浮き彫りにした。

解放同盟を一翼とする基地反対闘争の激化を1要因に、相馬ヶ原基地は１９５8年1月に日本に返還された。大半は自衛隊基地として継承されたが、１４6町歩が地元に解放された。この土地解放は、部落内外を問わず、過小農に重点がおかれ、部落は超零細農が多いため、かなり優先的に割り当てられた。部落でも中農には配分されなかった。この方式は解放同盟県連の主張がリードした結果で、その果たした役割は大きかった。解放同盟への地域住民からの信頼は高まった。群馬県連青年部は基地闘争を契機に、国鉄労働組合青年部等との積極的な交流を深めていった。県連のこのような活動こそが部落と部落外の障壁を崩していったのである。解放された相馬ケ原の土地は、その後、見事なブドウ畑になっている。

岸信介内閣によって強行された勤務評定に反対して、1958年～1960年に展開された闘争は、同内閣が1958年に国会に提出した警職法「改正」案を審議未了にさせた反対闘争もそうであったように、人権擁護・憲法体制擁護闘争である。1957年12月に第11回全国大会で勤評反対を決議した解放同盟は、和歌山・高知・群馬を始め、各府県連が積極的に教職員組合を先頭とする各労組・民主団体との共闘に参加した。

マスメディアが解放同盟の闘いぶりを積極的に取り上げたこともあって、国民の間に部落問題への素直な関心が高まった。その中で部落問題を解決すべき国民的課題だとする意識が広がっていった。その事実を私は東京部落研の成立と発展、自らの活動を通じて実感した。

四　高度経済成長期前後における部落の変化―仕事を中心に

欧米に比べて発達が遅れていた日本資本主義は、朝鮮戦争を契機とする特需で1954年から技術革新が開始され、高度経済成長が始まった。1960年7月に発足した池田勇人内閣は所得倍増計画を策定し、高度経済成長政策を打ち出した。この政策には、60年安保闘争に示された国民の民主主義を希求するエネルギーを実感した米日支配層が、正面からの思想攻撃を行う愚に陥らずに投げかけた「変化球」の側面がある。その結果、煽動に乗せられた国民の間には「一億総中流」意識が造成され、「自由獲得の努力」の精神で闘う態度を喪失する傾向も生み出された。

高度経済成長は、不当な軍事介入をした米国に対するヴェトナムの民族解放戦争で、わが国が米国に追従して全面協力した屈辱的状態の中で遂げられていった。この事実は国際的には決定的な大問題だ。これをもっとも自覚していたのは沖縄の人びとであった。それ故に、沖縄の社会運動はヴェトナム戦争を契機に発展し、ねばり強く政治を変革する努力をし続けているのである。

高度経済成長を支えた労働力の供給源は、主として敗戦直後の農地改革で形成された自作農を中心とする農村の所謂余剰労働力であった。自作農の次世代が小商品生産者として自立して生きるためには一定面積の農地が必要だから、「跡継ぎ」の単独相続にし、他の若者は都会に出て企業で働こうとした。この離村向都の傾向は凡そ15年続く。しかし、小農の場合は、跡継ぎでも出稼ぎなどに行き、妻や老人が農耕や家畜飼育に従事した。

１９５０年代後半は高校進学率は全国で50％前後だったから、中学卒で就職する人が多かった。彼等は大企業にも行ったが、半ば以上が高度成長を下支えした中小・零細企業へ就職した。彼等は苦労が多かったが、家族や出身地域の旧い価値観や差別から半ば解放され、自らの意志で定時制に学ぶ人も少なくなかった。教養を高めようと、技術革新に対応出来るようにと。

高度経済成長による労働力の急激な移動は社会構造を変化させた。１９５５年の10～14歳人口と10年後の

20～24歳人口を比較すると、東京と大阪のそれが2倍弱に激増しているのに対して、東北や九州は半減している。

農村では相互扶助的要素もある前近代的な「家」制度とそれを単位とする村落共同体の解体が進み、過疎化で田畑が荒廃し、学校や医療機関が激減していった。農業が成り立たなくなるだけでなく、生活が危機に瀕していく場合も少なくはなかったのである。

一方、都市は過密が進み、中小商店街が消え、高層ビルが林立し、鋼鉄製の巨大な高速道路網が鋭く交差しながら張り巡らされ、住民は人間的な営みから疎外された無機質状況下におかれ、感性を失いかねない状態になっていった。更に都市・農村を問わず、「公害」という名の環境破壊などが加わって、異常化が加速された。いま、日本はこの事態に慣らされてしまっている。「人間を取り戻そう」と叫びたい。

このような高度経済成長と社会構造の変化によって生み出された負の諸問題は、一方では地域住民の諸要求の実現をめざす運動を発展させることとなり、そうした運動が少なからざる革新自治体を誕生させた。

高度経済成長は、負の側面だけを一面的に把握してはならない。内在する正と負の両義性を見る必要がある。高度経済成長期から部落住民の貧困と地域住民間の障壁の除去も正の方向へ大きく変化していく。その要因は部落住民の一般企業への就労、すぐれて地域性の強い部落問題にとって重要なことだが、地域社会の変貌、地域支配構造の崩壊、部落住民を含む地域住民の意識の変化の進行、大きく言えば、社会構造とそれに係わる国民意識の変化である。

まず、高度経済成長が本格化する以前の上田市諏訪部区の部落と部落外の世帯主の職業を示す（表3）。

表３　上田市諏訪部区の世帯主の職業

	部落外	部落
農業	57	16
商工業主	2	0
工員	13	2
鉄道員	2	0
公務員	5	1
教員	5	0
会社員	12	0
銀行員	2	0
会社役員	1	0
協組役員	1	1
検事	1	0
住職	1	0
請負師	1	0
馬喰	0	1
職人	3	3
行商	2	1
日雇	0	6
無職	4	0
合計	112	31
人口	562	167
来住者世帯	27	8

1957年　成澤榮壽調査。
この表は別掲拙稿「信州上田の部落の話」より所引。

諏訪部区内で歴然としていた部落の経済生活の低位性が読み取れる。若干のコメントを付ければ、公務員は市営屠場の管理人、協組役員は長野県畜産加工協同組合専務理事（私の父）、職人は靴工・理髪師・傘修理で、いずれも店舗を持たないから、靴工を除き、行商と同じだ。部落関連産業従事者は31人中4人で、具体的には示さないが、同じ小学校区、常盤城地区の他の2部落よりも割合が小さい。

先の1947年～1950年に続く1951年～1960年、高度経済成長本格化以前の長野県の部落差別事件を見ると、管見では15件である。内訳は結婚を巡って5件（うち自殺2件、同未遂1件）、児童の差別行為、市長ら役職者の暴言、祭礼関係各2件、紫区事件が惹起した高山村の他区における消防団からの排除（村長辞任）、部落の主婦の食肉行商に対する不買運動、市会議員に立候補した部落住民への妨害とこれを支援した部落外住民に対する村八分的扱い、新聞の差別的記事の各1件。厳しいものである。

しかし、その一方で、部落からの他出先とそこで従事した職業に著しい変化が起こり出した。かつては各地の部落から東京へ出て来た青年の多くは、製靴を中心に特定の労働に従事し、その業種が集中している特定地域に住み込みを含めて居住していた。それが大きく変化した事実を、社会学者の鈴木二郎（東京部落研副会長。後に会長）が北関東の5部落での1975年・1976年の調査で明らかにした。即ち、部落からの他出、殊に東京への移住が著しく増加し、しかも全都に散在して世間一般の職業に従事し、部落関係者以外の相手と結婚しており、重要なのは、そうした変化の結果、部落住民の意識や態度にも変化が起こっていることを解明したのである。諏訪部区の部落でも、東京の出版物取次会社やデパートなどへ就職している。

高度経済成長による労働力の大都市集中は首都圏が特に顕著で、そこに散在する関西圏の大きい部落と比較すると小規模の、東日本では大きい部落の解体を促進した。かつて浅草の部落が解体したように。

私は、1960年と1980年に八王子市の部落で「定点観測」を行った。1960年時点で187世帯の部落で無作為抽出した45世帯74人の職業を調査したところ、子ども世代は比較的安定した職業に就労していたが、不安定就労者が多く、部落関連産業従事者も少なくなかった。それが1980年に「部落」の原住世帯の世帯主またはそれに準ずる人の職業を54人について調べると、不安定就労者は1人だけとなり、部落関連産業も、部落外からの来住が増加して家畜商が精肉店に変わり、靴工はいなくなり、皮革関係は幕末から毛皮獣として珍重される貂（てん）などの毛皮を海外に輸出していた毛皮問屋1軒だけが、特殊例外的に残った。

1960年に2軒あった専業農家は消滅した。

1960年以降、部落への外部からの来住が始まった。1978年の時点で「部落」（旧部落と言うべきか）の世帯数は、原住世帯の他出が少なくない中で、544に増加した。1980年には更に増え、1960年の約3・5倍。1980年現在で敷地35～36坪、建坪30坪で約3500万円。低所得では「部落」の持家住民にはなれないのだ。1980年の来住世帯の世帯主またはそれに準ずる人52人の職業を無作為に調べると、比較的早い時期の来住者には広い土地を必要とする小工場経営者や材木商がおり、新しい来住者には都立高校長や警視庁の課長、読売新聞社記者や医師などがいた。工場労働者も大企業勤務が多かった。一方、原住のそれは中小・零細の工員が大半だが、原住の青年達は銀行員や会社員、大企業の工員が多くなった。

結婚問題も好ましい方向へ変化した。1960年では同市内でも部落内に居住していると、それが問題になる傾向が見られたが、1980年には「部落」地域に居住していても問題にはならなくなった。

先に1957年時点における上田市諏訪部区の部落の職業について、世帯主の場合を紹介した。凡そ30年後の1986年ではどうか。私も親・妹弟も既に上田から離れており、大略しか掴めないが。

40歳以上では、教員・銀行員はおらず、市役所の管理職と食肉加工工場の技術者が各1人いる。他は零細な土建業・製材業・養豚業（養豚場は他所にある）などの営業主と土建作業員及び日雇である。40歳以下では、公務員・銀行員・デパート店員はいないが、教員が1人いる。もっとも多いのは、男女共、弱電関係の大工場の工員であり、男性には集配業務の人もいる。タクシー運転手や右の自営業の家族従事者もいる。1957年には副業として少なからざる女性がやっていたくず拾い・日雇・行商・草履編み、男性の6人が従事していた兎（うさぎ）の仲買、5人従事の日雇、3人従事のくず拾いは全ていなくなった。

八王子と同様、部落関連産業は完全に崩壊した。高度経済成長の結果である。八王子と立地条件を異にするので、若い世代でも現業関係への就労が大半で、中年男性に不安定就労者が少なくないなどの問題があるが、全体的には経済的安定の方向へ進んでいることは明らかである。

１９７７年に国民融合をめざす部落問題全国会議が、部落の変化に着目し、社会学者の杉之原寿一（部落問題研究所理事。後に理事長）をリーダーとして、8府県23部落１８０２世帯、15歳以上８４６人についての「部落差別実態調査」を実施した。

その結果、紙幅の都合で具体的には述べられないが、第1に、若い世代では常雇労働者の割合が凡そ半数と高くなり、殊に高学歴の青年層の専門・技術的職業への進出が顕著に見られること、第2に、１９６０年～１９６５年頃を境に部落からの他出、部落外からの来住の増加が著しくなり、居住の自由が大きく獲得されるに至り、部落の極度の混住や解体が各地で見られるようになっていること、第3に、部落の若い世代の部落外の人との結婚が著しく増加していること、第4に、部落の中学生の高校進学率の顕著な向上が見られ、教育の向上が仕事や結婚の変化をもたらしていることなどが明らかとなった。

この調査に見られる常雇労働者の増大には、農業や他の自営業から離れて労働者化した場合が含まれており、必ずしもプラスの側面だけがある訳ではなく、この時点では専門・技術的職業や事務的職業などへの就労がまだ世間的水準に達しているとも言えないが、部落の若い世代がごく当たり前の比較的安定した仕事に就くようになってきていることは確かめられた。

五　高度経済成長期までの部落の結婚問題

時期は遡るが、敗戦後も忌避や侮蔑がまだ厳存していた頃には、部落を理由とする結婚の破談や失恋は泣き寝入りが一般的であった。私が長野県で見聞した限りでは、部落外の人と結婚した僅かな例外を除き、部落同士も見合いが殆どで、しかも「家柄」の釣り合いを取るのが普通であった。部落差別の撤廃を願いながら、部落内の旧身分に拘泥するとは何たる矛盾！　と、私は中学生の頃から結婚問題への関心を強めざるを得なかったが、少しずつ変化しはじめた。年長の従兄姉9人の場合を見る。

従兄姉はみな、上田藩または他藩の穢多頭または穢多小頭か、天領の穢多頭の子孫である。2人（旧制国立専門学校卒〈英雄の次妹の長男〉と旧制県立実業学校卒〈忠雄の次男〉）が部落外の県立高等女学校と県立女子高校を卒業した女性と恋愛結婚し、英雄の姉の子で私より一回り以上も年長の2人（高等科卒の部落の男性と、その弟である2人（共に旧制県立実業学校卒）が県立高女卒の部落の女性と見合結婚をしている。東京で結婚した忠雄の3男（県立男子高校卒）も上田近在の部落出身者（県立女子高校卒）と見合結婚をしたようだが、伯父・忠雄の長女（青年学校出）は同じく青年学校出の部落の男性と、その兄である長男（青年学校出）は国民学校高等科卒の部落の女性と恋愛結婚した。2人とも、1947年の第1回参議院議員選挙の全国区に立候補した全国委委員長の松本治一郎の応援で連呼して歩いた相手と結婚したのである。長男の場合には母親が「身分が違う」と反対した。相手が頭筋ではない「平ノ者」の子孫だったからだ。私は吃驚（びっくり）させられた。

部落の中に憲法の精神や内実と懸け離れた旧い社会意識が未だ存在しているのに対し、父の兄の長男夫婦は「家」意識を克服して部落同士に限られた「半自由恋愛」を経て誕生した。この「半自由結婚」は、今日、当たり前のようになりつつある部落と部落外の結婚の増大と共に、「部落」同士も「自由結婚」となる過渡的存在形態であったと言える。

婚姻の変化は前掲国民融合全国会議の１９７７年調査に顕著である。所謂同和結婚が１９５３年～１９５９年と１９６０年～１９６４年、即ち、１９６０年前後で、市部では21・２%から39・８%へ、郡部では24・１%から37・８%へと、際だって増加している。

部落の結婚問題は、泣き寝入りから、この１９７７年調査に至る過程で少なからざる悲劇が起こった。その典型的な事例が、前掲１９５１年～１９６０年の長野県の部落差別事件15件中の１件、上田市近郊の部落（現上田市）に生まれた南沢恵美子の場合である。

中学卒業後、南沢は、差別されることなく、地元上田でバスの車掌に採用され、横浜のデパート店員に転職した。同じアパートの大学生と愛を育み、卒業して家業を手伝うことになった彼と彼の郷里愛媛県へ赴き、入籍せずに結婚式を挙げた。しかし、夫の父が興信所を通して出身地を確かめ、息子に「別れよ」。夫との間も次第に疎遠に。１９６０年12月、彼女は両親に遺書を送って自死した。高度経済成長期、部落の青年が大都会で就職し、部落外の異性と交際して結婚する中でおきた事件である。翌年、彼女の父は明るみに出ることを覚悟して相手方を提訴し、１９６５年に差別を不当だとする判決が出た。

「部落と結婚」の問題で、私が相談に乗り、斡旋し、相手の親元へ足を運んだのは主として高度成長期である。小説『橋のない川』の作者住井すゑの紹介による場合も数件あった。仲介の効果がなかったことは１度もない。当事者達の「自由獲得の努力の成果」である。父・英雄も、養子として「聟入り」する場合を含めて、10指に余る同様の経験を長野県内でしているが、共に１９８０年代になってからは仲介の労を取ったことはない。お節介が不要になったのであろう。

六　部落解放運動の動向と国民的融合論の成立

部落問題の解決への前進にとって同和対策事業の進展が果たした役割は、一面から見れば、はなはだ大きいものがある。国の同和対策を求める運動は、本格的には１９５８年1月に東京で開催された部落解放国策樹立要請全国会議に始まる。私はその準備段階から当日まで裏方で活動した。１９６１年10月に国会が解放同盟の請願を全会一致で採択し、翌月、池田内閣が同和対策審議会を設置した。１９６５年８月、同対審は部落問題を民主主義の課題であるとし、同和行政を国の責務だとする答申を佐藤栄作内閣に提出、同内閣は同和行政を自らの掲げた社会開発政策の一環に位置付けた。１９６９年６月、国会が同和対策事業特別措置法（同特法）を成立させ、翌月、同法が施行された。国の同和行政の開始である。

しかし、他の一面から見ると、同和対策は、その過程と結果から明らかなように、支配勢力の「変化球」の一種だ。解放同盟には他の勤労国民大衆との民主統一戦線を志向する運動路線と排他主義的な行政闘争を至上とする路線とが早くから内在し、前者は勤評闘争や60年安保闘争などの一翼を担う路線で、運動を全体的にリードする傾向にあった。後者は市民的権利が恰かも部落住民にだけ完全に保障されていないかのようなドグマチックな主張をなし、部落差別を存続させてきた行政の責任で措置を講じさせる闘争が最重要だとする路線であった。支配勢力を代弁する自民党内で後者を懐柔・利用しようとする政策が企まれ、実行され、それが革新自治体の拡大阻止、革新統一の分断・破壊に利用された。

同特法施行以前から解放同盟の分裂が始まった。１９６５年10月の第10回全国大会で同対審「答申」の評価や、殊に参議院議員選挙における大衆団体としての政党支持自由の原則などを巡って内部対立が激化し、そのことと関連して、１９６６年1月に分裂は京都府連で最初に起こった。

府連事務所は部落問題研究所の総会決定で寄付を募って建設され、研究所が管理・運営していた文化厚生会館内にあった。そこへ一方の府連の人達が押しかけ、暴力的に会館を不当占拠した。研究所の役職員は放り出され、以後、研究所はながく苦難を強いられることになる。東京にいた私にとっては遠い京都の研究所が、この事件の惹起から急に近くなり、今日に至っている。

次いで、１９６９年2月、大阪府連幹部の分裂策動に起因する矢田事件・吹田事件など、一連の「解同」府連の暴力的「糾弾」事件が続き、１９７４年11月、日本の教育史上で例のない程に残忍で頽廃的な兵庫県の八鹿高校事件に至って、反共と利権がらみの「解同」暴力事件は頂点に達した。

60年安保闘争における学生運動の分裂から反共暴力学生集団が顕在化したように、高度経済成長期の１９６０年代はわが国の思想状況に混乱が生じ、若い世代や知識層の一部に動揺が広がった時期である。例えばマルクス思想に対する拒絶的反応が「共感」を呼び、「文化大革命」に見られる暴力的政治闘争の毛沢東路線やキューバ革命から逸脱的に派生したゲバラ冒険主義も一定の支持を得た。これらの思想と運動は諸運動の民主主義的な統一・団結に楔（くさび）を打ち込み、分裂を助長し、政治的・社会的無関心層を増大させた。解放同盟東京都連の事務局長をしていた私は、１９６０年代初めから都連内の毛沢東路線の人達（書記長〈松本治一郎参議院秘書〉ら）と苦闘を余儀なくされた一人であった。

「解同」はそれらの思想や運動の影響を強く受け、「エセ左翼」暴力集団と結び付いて民主運動の統一を破壊する策動を弄すると共に、暴力的策動によって、同和対策事業の「窓口」を自らに「一本化」することを行政に強要した。これらの策動を通して「解同」は国民の部落問題に対する素直な関心をなくし、正しい理解を妨げる役割を果たした。

これに対して、まず、「解同」や暴力学生集団などの妨害を克服し、「解同」から除名された活動者や組織ぐるみ排除された人びとを中心に、解放同盟の構成員の凡そ3分の1が結集して、１９７０年６月、部落解放同盟正常化全国連絡会議を結成した。正常化連は、１９７６年３月、全国部落解放運動連合会に発展的に改組された。全解連は、今日、活動している全国地域人権運動総連合（全国人権連）の前身組織で、同和行政では「公正・民主」を主張して闘った。また、八鹿高校事件を契機に、全国水平社創立の中心的存在だった阪本清一郎を筆頭とする15名の呼びかけで、１９７５年９月、良識ある保守層の参加も得たゆるやかな組織、国民融合をめざす部落問題全国会議が結成され、部落問題についての正しい理解を広げるべく活動した。正常化連は全国会議に団体加盟した。私は最年少の呼びかけ人に加えられ、１９９６年まで事務局長を務めることとなった。

「解同」の反共と暴力、利権あさりの策動が跳梁（ちょうりょう）する中で、１９７５年、国民的融合論が成立した。国民的融合論は、部落問題の属性（固有の性質）、即ち、封建的身分の残滓（後遺症）に基づく災禍（忌避・侮蔑・迫害＝障壁）が除去され、貧困が克服されていくことによって、国民的融合が促進され、部落問題が解決するという解決論である。

封建的身分は明治維新の改革で廃止された。しかし、その後も主として穢多身分の人達とその子孫に対する厳しい差別・障壁が残存した。絶対主義的天皇制下でこれを支えた半封建的寄生地主制のもとにおける小作人の、同じく家父長的「家」制度のもとでの女性の人格が極端に軽視される社会構造下にあって、部落住民の人格だけが認められることなど、あり得なかった。そうした支配構造が封建的身分の残滓を存続させたのである。

部落と部落外に横たわる障壁は、大多数の部落住民の貧困と分かち難く結び付いていた。貧困が障壁の打破を困難にし、障壁が貧困を助長していた。それが、高度経済成長期から部落住民の貧困の克服と地域住民の障壁の除去が好ましい方向へ大きく変化し始めた。その要因については既に述べた通りである。

国民的融合論の構築過程では、さまざまな差別・人権問題の属性が議論された。私は論議の初手から参加した。自己流に記す。

部落問題の属性の除去とは、簡単に言えば、士族の子孫であるか否かが今日では問題にされなくなっているのと同様に（こだわる人がごく稀にいても、かえって苦笑される）、旧身分への拘泥が払拭されることである。かつては穢れの観念などがあって、士族の場合よりは単純ではなかったが、基本的にはそう言える。穢れを浄める風習は今日でも残存してはいるが、形骸化されており、問題にすることは不要だろう。

女性問題の解決は、ジェンダー平等の観点から両性関係を捉え、性的少数者に対する配慮をしつつ、女性を男性と区別すべきは区別して女性の人権を尊重し、女性としての解放を実現させ、男女平等にすることである。これに対して部落問題の解決は、属性に照らし、民族問題とも異なって、国民的融合により、部落民が解放されて部落民でなくなることだ。部落民のアイデンティティーを強調する者がいるが、属性に無理解な者である。先駆的な自主的部落改善運動に協力した自由民権の哲学者・中江兆民は、大日本帝国憲法発布の前年1888年に、既に国民がヨコ並びの社会の実現を高唱し、部落問題（という言葉はまだなかったが）を前近代的な「封建世代の残夢」と属性を正しく捉え、「頑冥なる習慣」から脱却し、「新民」（部落の民）も「旧民」（部落外の民）もみな一緒になって新しい国民の社会、「新民世界」をつくろうと呼びかけた。兆民は国民的融合論の先駆けである。

民族問題は、わが国内と国外とに分けて見る必要があろう。わが国内の少数民族問題に限定すると、日本国民内の少数民族的存在と在日外国公民とに分けて捉えることを要するが、いずれも原則論で言えば、人権尊重には二側面がある。ある国民として、同時にある民族としての権利の擁護・尊重である。しかし、差別の歴史と現実の厳しさから、現時点では、民族的自立の活動と共に、同化を望む傾向も軽視は出来ないのではなかろうか。朝日訴訟に学ぶと、「人間に価する生きる権利」の観点から、最終的には個人の選択の自由に委ねられるべきだと考える。民族問題の課題（理想）は地球上の全ての民族が対等・平等に一つになっていくことである。しかし、残念ながら、今日の地球上の民族紛争が示している通り、吸収合併され、抑圧されている民族も多い。厳しい歴史発展の現段階で強調されるべきは民族の自立と共存である。そのための努力は拡大しつつあり、巨視的に見ると、世界のもろもろの民族が歴史的に融合していく趨勢が読み取れる。にもかかわらず、部落解放を唱えて排他主義・分離主義に陥るのは歴史的発展に逆行していると言わざるを得ない。

国民的融合論が提唱される15年前の1960年9月、解放同盟第15回全国大会は1960年「綱領」で、部落解放運動を民主主義をめざす統一戦線の一翼であると規定すると共に、日米独占資本が部落差別を温存させている「元凶」だと断定した。後者の規定は1950年に発表された歴史学者・井上清の論文「部落解放論と部落史の課題」などから演繹されたものである。井上の「独占資本」「元凶」論は、江戸時代から資本主義時代に、資本主義的要素を加えつつ、引き継がれている部落差別は、部落民が基本的生産関係から「排除」されているために存続しているのだと説く。この説は生産関係における部落住民の置かれている立場を見誤っている。紙幅の都合上、短絡的な言い方になるが、独占資本の本質が貫徹すればする程、部落差別が強化されていくことになるのである。この理論的誤りはその後の事実が証明している。

国民的融合論は独占資本主義元凶論や部落問題の特殊性のみを強調する排他主義・分離主義の主張の誤りを明らかにし、１９６０年「綱領」に見られる部落問題の属性にもとる階級闘争路線を克服して部落問題解決の道筋を示した。その正しさはその後における部落問題解決の道程を通覧すれば明白である。

高度経済成長後、今日まで、わが国の政治的・経済的・社会的な変動と矛盾は、「経済大国」化、ＭＥ革命、バブル経済とその崩壊、「構造改革」、「非正規」労働者の増大等々、さまざまあったが、前近代的な要素である属性に照らせば当然のことながら、部落問題は不可逆的に解決に向かって前進してきている。

七　部落問題解決への前進

２０００年前後から自民党政府や首相の教育関係機関のトップ２人が、「本来的不平等」なるものを重視し、「教育」「処遇」の「差異化」と「効率化」を当然だとする人間蔑視の思想を露骨に表出するなど、財界本位の非人間的な思想攻撃が強められている。このような時代状況下において、部落問題は、一般的な雇用等における負の側面を世間並みに蒙りながらも、基本的には解決したと言い得るような状態に不可逆的に近づきつつある。その具体的事実は他の章に譲り、ここでは政府の実態調査だけを取り上げる。

政府（総務庁〈現総務省〉地域改善対策室〈当時〉）は１９９５年３月、１９９３年に全国の部落世帯数の約５分の１に相当する６万世帯弱を抽出して調査した結果を公表した（『平成五年度同和地区実態把握等調査』）。この調査には、部落への他所からの移住、所謂「混住」についての不知から、少なからざる部分に統計上の誤りがあるが、政府は調査後、今後調査は不可能だとし、その段階にまで実態の変化が進んだことを明らかにした。

この調査によると、部落の住宅・居住環境や生活実態に見られた低位性は殆ど解消されており、例えば１世帯当たりの住宅面積は全国平均と部落との間に格差は見られず、また、１世帯当たりの平均畳数や世帯１人当たりのそれにも格差はない。更に部落住民の住宅が特に老朽化が顕著であるとも言えない。かつて病人が多いと言われた部落の通院・入院している有病者比率を見ても、部落の健康破壊が著しいという実態も見られなくなった。

15歳以上の就業率・失業率について見ても、特段の格差があるとは言えず、かつて失業者のプールと言われた部落の実態は変化した。15歳以上の職業分類別従業者数を見ると、部落の事務的職業の割合は全国平均（19・６％）よりかなり低く（11・６％）、販売的職業も全国（14・２％）よりやや低い（10・０％）。これに対して、技能工・採掘製造作業者及び労務者とサービス的職業が全国（31・０％、７・６％）より割合が高く（35・０％、11・０％）、運輸・通信関係や管理的職業も全国（３・６％、３・６％）よりやや高い（４・８％、４・８％）。部落の方が現業の割合が高く、それと関連した小規模な土木・建設関係の経営者などの存在が窺える一方、部落の専門・技術的職業の割合（12・９％）は全国平均（12・０％）と比肩するに至っている。大雑把に見ると、職業上の格差は相当程度改善されたと言える。

１９６３年の中学卒業生の高校進学率は、全国平均の66・８％に対して部落は30・０％と、半分以下であった。それが１９７５年に数ポイントまで格差が縮小したが、１９９３年調査では４・５％差。20年間、殆ど縮まっていない。総務庁の調査報告では指摘していないが、同調査資料を詳細に分析すると、中学校の生徒中、部落の生徒の方が部落外の生徒より少数であることが一般的であるから、部落出身生徒の方が学校全体の平均進学率より高い場合がかなり多くある。にもかかわらず、全国平均より部落の方が若干低いのは何故か。一部の部落の高校進学率の際だった低さに起因しているのだ。即ち、進学を困難にするような生活をしている階層が、凡そ20年間、なおも残っていたのである。奨学金の給付や貸与では解決出来ない同和事業の限界があったことは確かである。

総務庁調査は、ごく一部地域の一部部落を除き、部落の生活・住宅環境や就業状況、高校進学率など、生活実態における部落外（実際は部落を含む全国）との格差がほぼなくなったと言えるほどに大きく是正されたことを明らかにしている。

社会的交流も進み、部落と部落外の結婚も若年層では４組中３組の割合にまで前進した。部落外居住の部落出身者と部落外の相手との結婚は更に多い筈である。また、高齢者を含めて、部落住民の９割が被差別体験なしという段階になっている。これらは国民・地域住民間の差別意識が払拭されてきた事実の反映である。不可逆の趨勢からして、この傾向は21世紀になって更に前進しているとみて間違いなかろう。

長野市や上田市に居住していた１９９０年～２００１年の体験だが、従兄弟姉妹・又従兄弟姉妹や遠い親類の中に葬儀で会った時など、部落問題と取り組んでいる私を避ける者がいる。その傾向は、故郷・長野県を離れて首都圏で生活している者に多い。多分、彼らは郷里でも部落問題が好ましい方向に変化している事実をよく知らないのだ。ブラジルの少なからざる日本人が日本の敗戦を信じなかったように。それで、「素性」がばれることを恐れているのである。彼らの子ども達は、ことによると連れ合いも自らの部落との関係を知らない。さびしく悲しいことだが、大抵の場合、時が解決する。属性からしてそう言える。部落問題の場合、それも解決の一過程なのである。

　しかし、その一方で五十嵐友幸の孫娘は、祖父母の若き日の行動に尊敬の念を抱き、部落問題に関心を深め、その所為で私は10数年前、幾度かデートする羽目となった。今年（２０１７年）は又従弟の娘（母の実父の兄の曾孫）からうれしい年賀状が来た。

　彼女は長野県短期大学で１９９５年度に教え、１９９７年に卒業証書を「授与」した学生である。２００３年、結婚披露宴に招待され、文学科国語専攻の卒業生達と共に出席し、祝辞を述べた。披露宴に出たのは日本女性史ゼミ出身者以外では彼女だけである。新郎は長野県の財界の重鎮だった人の一族である。披露宴には別系の又従兄（祖父の妹の義理の孫）が夫妻で列席していた。妻が新婦の日本舞踊の師匠なのであった。彼女の年賀状には、昨年から私と高校同期の部落出身の書家に書を習っていることが書き添えられていた。部落内外の障壁がなくなったと言える結婚をしながら、絆を大切にしている姿勢が私にはうれしかった。

　彼女の父親は末子である。彼もその姉兄もみな、部落同士の結婚であった。上の姉が泣き寝入りの体験者だったからであろうか。しかし、彼も部落問題から解放されているようである。私が部落問題を細かく印刷した年賀状を出すので、「敬遠」する親類があるのに、彼は味わい深い写真を載せた年賀状を欠かさず送ってきている。彼は娘の結婚を通じて部落問題解決の前進を実感しているのであろう。

〔参考文献〕

成澤榮壽・山科三郎「戦後日本の思想状況と部落問題解決への道程」（部落問題研究所編・刊『部落問題解決過程の研究』第2巻〈教育・思想文化篇〉、２０１１年）―全般について。
澤田章子「手記にみる部落問題解決への道」（同右）―とくに南沢自殺事件について。
部落問題研究所編・刊『部落問題解決過程の研究』第5巻（年表篇、２０１６年）
―とくに矢田事件、吹田市事件、八鹿高校事件について。
成澤榮壽『部落の歴史と解放運動　近代篇』（１９９７年、部落問題研究所編・刊）
―とくに部落学校、中江兆民について。
成澤榮壽『人権と歴史と教育と』（１９９５年、花伝社）―とくに部落問題の属性、93年調査について。
成澤榮壽『歴史と教育　部落問題の周辺』（２０００年、文理閣）
―とくに矢田事件、吹田市事件、八鹿高校事件、国民的融合論、部落問題の属性について。
成澤榮壽『島崎藤村「破戒」を歩く』上（２００８年、部落問題研究所）
―とくに部落学校について。
成澤榮壽「民主主義の発展と部落問題」（全国高校生部落問題研究集会実行委員会事務局編・刊『第10回全国高校生部落問題研究集会報告書』〈１９７５年〉）
―とくに「祖父・父・私の体験の違い」について。
成澤榮壽「部落問題」（『スーパー・ニッポニカ』ＤＶＤ―ＲＯＭ〈２００4年、小学館〉）
成澤榮壽「部落問題」（『日本百科大全書』20〈１９８８年、小学館〉）

成澤榮壽「戦後日本の思想状況と部落問題の動向」（『部落問題研究』第１８９輯〈２００９年〉）
成澤榮壽「信州上田の部落の話」（第17回東日本部落問題研究集会実行委員会編・刊『部落問題をみんなのものに』〈１９８６年〉）
成澤英雄「私のおいたち―信濃同仁会と出会うまで―」（東京部落問題研究会編・刊『部落問題年報』第２輯〈１９８０年〉）
成澤榮壽「群馬県戦後部落解放運動史」（部落問題研究所編・刊『戦後部落問題の研究』第７巻〈１９７９年〉）
成澤榮壽「相馬ヶ原事件の底にあるもの」（成澤榮壽編『早稲田大学部落問題研究会』〈１９８７年、同和教育実践選書刊行会〉）
成澤榮壽「ジラード事件　三十年を行く」（成澤榮壽『歴史と教育　部落問題の周辺』〈２０００年、文理閣〉）
鈴木二郎「北関東地方における部落の変貌」（鈴木二郎『現代社会と部落問題』〈１９８６年、部落問題研究所〉）
成澤榮壽「首都圏中都市近郊における未解放部落の変化」（『部落』第４１０・４１１号〈１９８１年〉）
成澤榮壽「全国会議の実態調査にみた未解放部落の変化」（『部落』第３７０号〈１９７８年〉）

第二部　部落問題の解決はどこまで進んだか

第二章　社会調査から見た部落問題の解決過程

石倉　康次

はじめに

本章では、戦後部落問題に関わって様々な主体によって実施されてきた社会調査が示すデータを通して、部落問題の解決過程を確認することを試みる。

部落問題解決の度合いを測る指標については、部落差別の属性、すなわち、人種差別や女性差別あるいは障害者差別とも異なる、部落差別固有の歴史的な属性に即した解決過程を実証的に把握するものである必要がある。これをはかる指標として、論者により多少の表現の違いがあるが、次の４つの指標としてほぼ定着している。それは、「①同和地区と周辺地域とのあいだでの各種の格差の解消、②部落差別観念・意識が社会的に通用しなくなる、③歴史的な差別による部落の社会生活や文化などの歴史的後進性の克服、④一切の社会的障壁が取り除かれて社会的交流が進み融合が実現する」(1) 等である。戦後、各種の部落問題に関する社会調査が実施されてきたが、当初からこの様な指標が明確であったわけではない。同和行政施策の対象地域に関する職業や住宅環境、学歴等の実態などと併せて、通婚や混住化についてもしばしば調査されてきた。これらの調査項目のうち、職業や住環境、学歴等の調査は4つの指標の①に関連する。通婚や混住化は④にかかわるものと言える。また、部落問題に関連する社会調査として一般市民を対象とする人権意識にかかわる調査も実施されてきた。これは②の指標にかかわる調査と言える。③に関するデータは、旧同和地区の子どもたちを対象とした教育調査や大人を対象とした意識調査の中に若干含まれるが、多くはない。

戦後の部落問題解決の歩みとその到達段階について評価を行うためには、上の4つの指標に沿い、同和地区だけではなく地域社会全体との比較検討が不可欠となる。このような四つの指標に近いデータが得られ、しかも地区内外の対比が可能な社会調査データはそれほど多くはない。データ処理の方法も、科学的な厳密さにおいてそれぞれの時期や調査主体の制約を受けている。それらを考慮した上で検討に耐えうる調査データを絞り、戦後の歩みを検討する。

一　同和対策事業特別措置法実施前で、高度経済成長期前の実態

戦後の早い時期で同和行政施策が本格的に実施される前で、しかも高度経済成長による経済変動や住民の社会的移動がまだ広がっていない頃の実態をまずベースラインとして確認する必要がある。

（1）1952年和歌山県同和問題研究委員会調査から

和歌山県同和問題研究委員会が和歌山大学経済学部・山本正治教授の協力を得て、1952年に実施した

表１　世帯主の属する産業構成（1952年和歌山）

産業 ＼ 項目 ＼ 地区	関係地区		和歌山県	
	世帯数	%	世帯数	%
総数	10,806	100.0	214,717	100.0
農業	3,822	35.3	62,551	28.7
林業及び狩猟業	23	0.2	7,861	3.7
漁業及び水産養殖業	3	—	8,878	4.1
鉱業	50	0.5	1,142	0.5
建設業	795	7.4	10,790	5.0
製造業	1,212	11.2	30,665	14.3
小売業及び就売業	1,015	9.4	24,536	11.4
金融保険及び不動産業	16	0.1	1,661	0.8
運輸通信及びその他の公益事業	475	4.4	11,507	5.4
サービス業	479	4.4	16,439	7.7
公務	184	1.7	6,781	3.2
分類不能の産業及び不詳	617	5.7	345	0.2
非就業のもの	2,115	19.6	31,561	14.7

調査データがある(2)。この調査は、差別される実態を放置する行政の責任を追及する運動の契機となった、いわゆる「西川事件」(3)後に、和歌山県下の市町村に存在する同和地区（調査では「関係地区」と表現）を対象に「調査協力員」を配置して実施されたものである。和歌山県北部から南部の地域まで網羅して実施され、調査対象世帯は１０８０６世帯、２４８１９人の世帯員という大規模な調査であった。和歌山県全体の数値と比較できるよう集計も行われている。

ア．世帯主の産業構成

まず世帯主の産業構成をみると（**表１**）、①「関係地区」と「和歌山県」に共通する特徴として、農業の比率が最も高く、製造業、小売業及び卸売業と続いている。差異に注目すると、②ある程度の生産手段の装備が必要とされる漁業及び水産養殖業は、「関係地区」では極めて少ない、③「関係地区」では県全体に比較して「分類不能の産業及び不詳」の比率が高い、さらに④「関係地区」では「非就業」が県全体に比較して比率が高い、⑤農業従事者の比率は、「関係地区」では県全体よりも高い、⑥「関係地区」では建設業が第４位にあがるが、県ではサービス業が４位である。産業・職業における格差が明らかに認められる。

イ．農業者の耕作面積

次に最も従事者の比率の高い、農業者の耕地面積の差異に目を向けると**(表２)**、「関係地区」では３反未満世帯は、39・８％で、県全体の38・１％と差異はない。これらの層の多くは、小作農が自作農となった層と言える。１町未満をみると「関係地区」では68・０％で、和歌山県全体では54・５％となっており、１町未満は「関係地区」でやや比率が高い。農業専業が可能とされる１町以上の世帯は、和歌山県全体では40・４％、同和関係地区では32・０％である。耕作面積で見ると、「関係地区」は大規模農家の比率が相対的に低く、１町未満の層の比率がやや高いという差異が認められる。

ウ．製造業従事者の構成の共通点と差異

表２　耕作面積広狭別農耕世帯数（1952年和歌山）

面積＼地域	和歌山県全体		関係地区	
	世帯	%	世帯	%
３反未満	32,274	38.1	1,797	39.8
５反～	18,148	21.4	1,275	28.2
１町　～	26,179	30.9	1,230	27.2
１町５反～	6,830	8.1	194	4.3
２町　～	1,038	1.2	17	0.4
３町　～	170	0.2	3	0.1
５町　～	7	—	—	—
10町　～	1	—	—	—
計	84,774	100.0	4,516	100.0

注）和歌山県全体の世帯合計は、面積別世帯数の計と合致しないが原表のまま掲載した。

表３　満14歳以上の製造業就業者の産業構成（1952年和歌山）

地区 ＼ 項目 ＼ 産業	関係地区		和歌山県	
	満14歳以上の就業者数	%	満14歳以上の就業者数	%
総数	2,619	100.0	65,747	100.0
食料品製造業	155	5.9	9,339	14.2
煙草製造業	13	0.5	316	0.5
紡織業	592	22.6	17,580	26.7
衣服及び身廻品製業造	51	1.9	1,134	1.7
木材及び木製品製造業	539	20.6	9,491	14.4
家具及び建具製造業	25	1.0	3,869	5.9
紙及び類似製品製造業	24	0.9	1,439	2.2
印刷出版製本及び類似業	19	0.7	1,477	2.2
化学工業	24	0.9	3,793	5.8
石油及び石炭製品製造業	21	0.8	1,316	2.0
ゴム製品製造業	—	—	69	0.1
皮革及び皮革製品製造業	560	21.4	753	1.1
ガラス及び土石製品製造業	203	7.8	1,810	2.8
金属工業	249	9.5	2,708	4.1
電気機械搬送用機械その他機械器具	54	2.1	5,865	8.9
その他の製造業	90	3.5	4,783	7.3

農業についで比率の高い製造業従事者の構成の共通点と差異を、満14歳以上の製造業就業者の産業構成において見る（**表3**）。

「関係地区」と「県全体」のいずれにおいても最も比率が高いのが紡織業（関係地区で22・6%、県全体で26・7%）という共通性がある。これに次いで、木材及び木製品製造業の比率が高い。「関係地区」では20・6%、「県全体」では14・4%である。

「関係地区」では紡織業に次ぐのは皮革及び皮革製品製造業で21・4%となっており、木材及び木製品製造業をしのいでいる。同和関係地区の伝統産業だからである。他方「和歌山県」全体では、紡織業、木材関連業についで食料品製造業が14・2%で、電気機械搬送用機械その他機械器具が8・9%、家具及び建具製造業が5・9%、化学工業が5・8%とつづき多様性がみられる。ここには明確な差異が認められる。

エ．混住および通婚の実態

表４　混住状況（1952年和歌山）

戸数・人口 ＼ 種別		関係地区から一般地区へ	一般地区から関係地区へ
市部（御坊町を含む）	戸数 人口	369 1,340	158 657
紀北地区 （海草、那賀、伊都郡）	戸数 人口	594 2,625	46 179
紀南地区 （有田、日高、西牟婁、東牟婁郡）	戸数 人口	144 676	56 250

備考1　和歌山市杭の瀬その他記入なきもの数地区を含む。
2　紀北地区において海草郡西山東口須佐は戸数のみ不明、但し人口よりおして僅少である。

表５　通婚の状況（1952年和歌山）

地区 ＼ 性 ＼ 種別		関係地区から一般へ	一般から関係地区へ
市部（御坊町を含む）	男 女	31 81	63 101
紀北地区	男 女	50 121	34 127
紀南地区	男 女	17 46	36 102
計	男 女	98 248	133 330

次に、社会的交流の指標に関わるデータをみる。全体の人口に比して極めて少数ではあるが、一般地区に移り住む流出や、一般地区から同和地区に流入して居住するなどの、「混住」が若干ではあるが存在することも示されている（**表４**）。さらに、通婚においても関係地区から一般地区へ結婚で出る人や、また一般地区から関係地区に来て婚姻を行う人も、少数ではあるが存在し、その傾向は女性に多いことが報告されている（**表５**）。

（2）１９５７年埼玉県の都市近郊農村調査（４）より

関東地方の高度経済成長期初期の部落内外の実態を示すデータとして、和歌山県の調査よりも少し後に、関東地方の農村部落の実態を対象として、早稲田大学部落問題研究会によって１９５７年に埼玉県Y市X町で実施された調査がある。この調査では旧中山道の宿場町M地区、及びそこから少し離れた農村部にある同和地区B地区、その近隣にある一般農村のN地区の３地区を同一項目での直接比較が可能となるように調査設計がなされており、貴重である。

ア．職業別就業者の構成

この調査により職業別就業者比率をみると（表６）、農業専業者の比率は、M地区は36・４％であるが、B地区は61・６％、N地区は61・１％となっており、B地区はN地区と同様の農村集落としての共通の性格を示している。しかし、同時にB地区は半農非熟練の兼業労働者の比率が10・３％、非熟練労働者が11・１％と高い比率となっている。しかし、注意すべきなのは旧宿場町で農業専業者比率の低いM地区でも、非熟練労働者が21・２％あり、非熟練者の比率の高さは同和地区だけの現象ではない。また、事務労働者の比率をみると、同和地区のB地区は２・５％と低い。これは、同じ農村部の一般地区であるN地区は６・９％で、旧宿場町のM地区の８・７％に近い比率を示していることを考慮すれば、非熟練者比率の高さと共に同和地区の低位性の表れと言える。

表６ 職業別就業人口比率の同和地区内外比較（1957年埼玉県Y市X町：同和地区はＢ地区）

	M地区							B地区							I地区						
職種	職業	男		女		計		職業	男		女		計		職業	男		女		計	
		人	%	人	%	人	%		人	%	人	%	人	%		人	%	人	%	人	%
農業	農業専業	23	22.8	44	53.0	67	36.4	農業専業	92	50.3	129	73.3	221	61.6	農業専業	34	45.3	54	78.3	88	61.1
半農非熟練	日雇(農業手伝い)	2		1		3		屑屋	5		6		11		日雇(農業手伝い)	1				1	
	ミシン内職			3		3		シュロ表	3		5		8		養豚飼料	1				1	
								日雇	5		2		7		新聞配達	1				1	
								屑屋日雇	3				3								
								行商	3				3								
								仕切り手伝い			1		1								
								ウズラ飼育			1		1								
								養豚	1				1								
								精米手伝い			1		1								
								[illegible]手伝い			1		1								
	計	2	2.0	4	4.8	6	3.3	計	20	10.9	17	9.7	37	10.3	計	3	4.0	0	0.0	3	2.1
半農半熟練	左官業	1				1									左官業	1				1	
	桶職	1				1									カワラ製造	1				1	
	杣(そま)職	1				1															
	綿打ち業			1		1															
	計	3	3.0	1	1.2	4	2.2	計	0	0.0	0	0.0	0	0.0	計	2	2.7	0	0.0	2	1.4
半農販売								商業	1				1		精油業	1				1	
								セールスマン	1				1								
								仕切屋	1				1								
								シュロ表問屋	1				1								
	計	0	0.0	0	0.0	0	0.0	計	4	2.2	0	0	4	1.1	計	1	1.3	0	0.0	1	0.7
非熟練	工員	4		?		?		ミシン内職			2		2		工員	1		2		3	
	ミシン内職	12		?		?		工員	15		6		21		運転助手	1				1	
	馬丁	1		?		?		日雇	5		1		6								
	理髪見習	1		?		?		屑屋	2		3		5								
								日雇屑屋	1				1								
								日雇かつぎ屋	1				1								
								仕切り手伝い	1		1		2								
								シュロ表			1		1								
								左官見習	1				1								
	計	18	17.8	21	25.3	39	21.2	計	26	14.2	14	7.9	40	11.1	計	2	2.7	2	2.9	4	2.8
半熟練	工員	15		2		17		工員	21		6		27		工員	6		6		12	
	運転手	1				1		履物製造	1				1		運転手	3				3	
	運送業	1				1		靴工	1				1		国鉄工員	1				1	
	タタミ職	1				1									左官業	1				1	
	ブリキ職	1				1															
	折箱職	1				1															
	理髪助手			2		2															
	仕立手伝			1		1															
	計	20	19.8	5	6.0	25	13.6	計	23	12.6	6	3.4	29	8.1	計	11	14.7	6	8.7	17	11.8
熟練	工員	12				12		工員	5				5		工員	7				7	
	国鉄工員	1				1		鉄道工員	2				2		国鉄工員	2				2	
	仕立屋	1				1									瓦製造員	1				1	
	大工	1				1									大工	1				1	
	計	15	14.9	0	0.0	15	8.2	計	7	3.8	0	0.0	7	1.9	計	11	14.7	0	0.0	11	7.6
販売	食料品卸売業	2				2		店員	1		1		2		店員(デパート)			1		1	
	運転手(たばこ店)	1				1		雑貨商	1		1		2		食料品店			1		1	
	たねうち業	1				1		仕切屋	2				2								
	会社員	1				1		穀物卸し			1		1								
	理髪業	1		1		2		呉服商	1				1								
	食料品店			1		1		精米業	1				1								
	バスガイド			1		1		そうめん業	1				1								
								食料品店			1		1								
	計	6	5.9	3	3.6	9	4.9	計	7	3.8	4	2.3	11	3.1		0	0.0	2	2.9	2	1.4
事務	会社事務員	5		4		9		公務員	1		4		5		会社事務員	1		1		2	
	国鉄駅員	1				1		会社事務員	1		2		3		国鉄駅員	3				3	
	公務員	5				5		鉄道職員	1				1		公務員	1		1		2	
	銀行員			1		1									警察官	1				1	
															大学職員			1		1	
															病院事務員			1		1	
	計	11	10.9	5	6.0	16	8.7	計	3	1.6	6	3.4	9	2.5	計	6	8.0	4	5.8	10	6.9
専門管理	教員	1						教員	1				1		教員	2		1		3	
	会社員	1													公務員	1				1	
	酒造業	1													ガラス製造業	1				1	
															僧侶	1				1	
	計	3	3.0	0	0.0	3	1.6	計	1	0.6	0	0.0	1	0.3	計	5	6.6	1	1.4	6	4.2
	総計	101	100.0	83	100.0	184	100.0	総計	183	100.0	176	100.0	359	100.0	総計	75	100.0	69	100.0	144	100.0

表７　専兼業別農家数（1957年埼玉県Ｙ市Ｘ町）

		M地区		B地区		N地区	
		農家数	%	農家数	%	農家数	%
専業農家数		24	9.2	37	23.6	74	54.8
兼業農家数		238	90.8	120	76.4	61	45.2
兼業農家	工業あるいは店を持つ商業を営む農家数	56	21.4	14	8.9	4	3.0
	賃労働者のいる農家数	63	24.0	79	50.3	24	17.8
	事務又は技術職員のいる農家数	123	46.9	17	10.8	33	24.4
総農家数		262	100.0	157	100.0	135	100.0

イ．農業世帯の差異

同和関係地区であるＢ地区は、１９５５年10月１日現在では人口１１５５人１６９世帯で、Ｘ町人口３９０３人６６０世帯の中で占める位置が大きい。また同和地区の規模としては「関東の中で２番目に大きい」とされている。しかし、地区内には、和歌山調査でみられたような皮革や食肉関連の伝統産業は存在しておらず、農業の比重が高い。農業専業の就業者人口ではＢ地区とＮ地区はほぼ同率であったが、世帯単位の農家数や耕作面積でみると差異が浮かび上がる。

専業農家の比率をみると（**表7**）、Ｍ地区は９・２％と１割に満たないが、Ｂ地区では23・６％と４分の１に迫る。さらにＮ地区は54・８％で半数以上が専業農家である。そして、Ｂ地区では賃労働者のいる兼業農家の比率が高い。Ｍ地区も兼業農家の比率が一層高いが、事務または技術職員の兼業者の比率が高く差異が認められる。

このような特徴は耕作面積別にみた農家の比率ともほぼ対応している（**表8**）。Ｍ地区では１町以上層は５・３％であり、Ｂ地区は17・８％、Ｎ地区は52・６％となっている。Ｂ地区はＮ地区に比べて大規模土地所有者の比率が低い。他方、小作層の自作農化を示す

表８　耕作面積別農家数（1957年埼玉県Ｙ市Ｘ町）

	M地区		B地区		N地区	
	農家数	%	農家数	%	農家数	%
2町以上	0	0.0	0	0.0	3	2.2
1町5反以上2町未満	0	0.0	11	7.0	25	18.5
1町以上1町5反未満	14	5.3	17	10.8	43	31.9
5反以上1町未満	56	21.4	52	33.1	36	26.7
3反以上5反未満	44	16.8	35	22.3	10	7.4
3反未満	148	56.5	42	26.8	18	13.3
農家総数	262	100.0	157	100.0	135	100.0

表９　通婚圏の比較（1957年埼玉県Ｙ市Ｘ町：同和地区はＢ地区）

	B地区		M地区		N地区	
	組	%	組	%	組	%
夫婦とも他地域出身	3	2	1	18	7	16
夫婦の一方が他地域出身	73	58	37	72	31	72
夫婦とも同一地区	50	40	5	10	5	12
計	126	100	51	100	43	100

とされる３反未満の比率は、Ｍ地区は56・5％、Ｂ地区は26・８％、Ｎ地区は13・３％となっている、Ｂ地区は小規模農地を補う兼業労働者の比率が高い。しかし小規模とはいえ、のちに当該地域が宅地化するにつれて農地を宅地に転用することで臨時的な土地売却収入が入る条件が形成されていた。

ウ．通婚の実態

次に社会的交流の範囲を示す通婚圏域をみると（表９）、１９５７年では、夫婦とも同一地区というカップル（組）の比率は、旧宿場町のＭ地区は10％、農村部のＮ地区は12％であるのに対し、同和地区のＢ地区は40％と高い比率を示している。ここに、同和地区の通婚圏域の狭さが表れており、そこには部落差別の影響が影を落としている。

二　高度経済成長期での変化過程

（1）京都市竹田深草地区の変化

高度経済成長は地域の産業・就業構造や、若者の進路に大きな変化をあたえる巨大な社会変動要因であった。これによる変化を一つの地域において確認できる調査データは、京都市竹田深草（改進）地区に関連した調査として蓄積されている。杉之原寿一は、１９７４年に実施した調査の報告書で、高度成長期前から実施されてきた調査から同地区の職業別就業者の推移を示す表（表10）を作成し、提示している(5)。

ア．職業別就業者構成の変化

これにより確認できる変化の特徴を列挙する。

まず、１つめは、農業就業者の１９５１年から１９７０年にかけての消滅に近い衰退である。２つめは、同和地区の内職的な伝統産業として存在していた「かのこ絞り」就業者は１９３８年には相当数あったが、１９７０年以降はほとんどなくなっていったことである。３つめは、歴史的に淀川から高瀬川に至る水運業の伝統をひきつぎ、京阪電車や京都市電に継承されていった陸上運輸や建設・電気関係の技能工・単純労働者が戦前から一貫して相当のウエイトを占め続けている。しかし、軌道人夫をふくめ多数の従事者があった京都市電は、１９７０年路面電車伏見線、稲荷線の廃止から始まり１９７８年には全面廃止に至る。この影響を強く受けて運輸従事者、運輸技能工の比率が低下し、建設電気技能工も１９７０年から１９７４年にか

表10　職業別就業者数の推移（1938～1974年竹田深草）

		改進地区				京都市
		昭 13	昭 26	昭 45	昭 49	昭 45
		就業者数	就業者数	就業者数	就業者数	就業者数
専門・技術	技術者	…(…)	—(—)	8(0.6)	3(0.4)	7620(1.1)
	教員	…(…)	1(0.1)	1(0.08)	4(0.6)	14620(2.1)
	助産・看護あんま	…(…)	—(—)	…(…)	1(0.1)	6660(1.0)
	医師・その他医療	…(…)	2(0.2)	3(0.2)	1(0.1)	7845(1.1)
	芸術・芸能	…(…)	4(0.5)	…(…)	1(0.1)	7480(1.1)
	宗教家	…(…)	4(0.5)	…(…)	—(—)	2540(0.4)
	その他	…(…)	—(—)	9(0.7)	—(—)	11280(1.6)
	計	14(1.1)	11(1.3)	21(1.6)	10(1.4)	58045(8.4)
管理的職業		—(—)	—(—)	14(1.1)	1(0.1)	38310(5.5)
事務		6(0.5)	※76(9.2)	100(7.8)	88(12.7)	115655(16.7)
販売	食料品	64(5.0)	…(…)	…(…)	…(…)	…(…)
	飲食店	…(…)	…(…)	…(…)	…(…)	…(…)
	その他	91(7.2)	…(…)	…(…)	…(…)	…(…)
	計	155(12.2)	82(9.9)	121(9.5)	82(11.8)	117065(17.0)
農林漁業		13(1.0)	30(3.6)	3(0.2)	—(—)	12460(1.8)
採鉱・採石		—(—)	—(—)	—(—)	—(—)	80(0.01)
運輸通信	陸上運輸	38(3.0)	66(8.0)	81(6.3)	39(5.6)	22775(3.3)
	その他運輸			23(1.8)	—(—)	535(0.1)
	通信	—(—)	1(0.1)	3(0.2)	2(0.3)	3100(0.4)
	計	38(3.0)	67(8.1)	107(8.4)	41(5.9)	26410(3.8)
技能工・生産工・単純労働者	金属・金属加工	61(4.8)	19(2.3)	26(2.0)	11(1.6)	22700(3.3)
	電気・運輸光学機械	…(…)	…(…)	86(6.7)	23(3.3)	27195(3.9)
	紡織	29(2.3)	25(3.0)	39(3.1)	13(1.9)	80245(11.6)
	かのこ絞り	353(27.8)			—(—)	
	木・竹・草・つる	…(…)	—(—)	…(…)	7(1.0)	6460(0.9)
	紙・印刷	…(…)	6(0.7)	—(—)	2(0.3)	14950(2.2)
	ゴム・プラスチック	…(…)	…(…)	…(…)	—(—)	2435(0.4)
	皮革	…(…)	11(1.3)	—(—)	1(0.1)	505(0.1)
	窯業・土石	56(4.4)	5(0.6)	…(…)	3(0.4)	3805(0.6)
	食料品	…(…)	5(0.6)	10(0.8)	7(1.0)	9015(1.3)
	化学	…(…)	2(0.2)	…(…)	3(0.4)	2420(0.4)
	建設	109(8.6)	146(17.6)	169(13.2)	33(4.8)	31685(4.6)
	電気				4(0.6)	6105(0.9)
	単純労働	248(19.6)	303(36.5)	434(34.0)	300(43.2)	22085(3.2)
	その他	178(14.0)	22(2.7)	40(3.1)	10(1.4)	21975(3.2)
	計	1034(81.5)	544(65.5)	804(63.0)	417(60.1)	251580(36.4)
サービス		1(0.08)	9(1.1)	102(8.0)	38(5.5)	61825(9.0)
保安サービス		3(0.2)	…(…)	4(0.3)	5(0.7)	8150(1.2)
不明		4(0.3)	11(1.3)	—(—)	12(1.7)	1000(0.1)
総数		1268(100)	830(100)	1276(100)	694(100)	690580(100)

（注）※印は官公吏雇傭70人を含む。

（出典）杉之原寿一他『京都市竹田深草地区実態調査報告書』部落問題研究所、1975年

けて比率の低下が進む。4つめは、販売関係の就業者の比率は戦前から一貫して一定の比率を占めている。事務系労働者は1951年くらいから一定数の比率を占め続けており、サービス就業者は1970年くらいから増加している。5つめに、「単純労働」と分類される就業者が1970年の比率では京都市の3・2％に対して、地区は34・0％と圧倒的に高くなっている。

表11　単純労働者の内訳（1974年竹田深草）

	男	女	計	
包装工・荷造工	—	5	5	1.7%
倉庫夫	—	—	—	
沖仲士・運搬夫	2	2	4	1.3%
線路工夫・駅手	—	—	—	
配達夫	—	—	—	
会社などの用務員	14	23	37	12.4%
し尿汲取人(民間)	—	—	—	
道路清掃夫	—	1	1	0.3%
土工・道路工夫	31	4	35	11.7%
現業公務員	170	17	187	62.5%
その他	13	17	30	10.0%
総　数	230	69	299	100.0%

イ．男性に多い現業公務員、30歳代から高齢女性に多い失対就労者

労働者の多数を占めるようになった単純労働者の内訳を見ると（表11）、男性では「現業公務員」（自治体の清掃局、衛生局、水道局の現業部門の職員）が多くを占め、次いで「土工・道路工夫」の比率が高くなっている。女性では「会社などの用務員」が最も高い。

次に、労働者の中で単純労働者に次いで多い失業者の実態をみる（表12）。竹田深草地区の性年齢別失業率をみると30歳代女性の42・5％、40歳代では52・6％、50歳代では71・4％、60歳代では75％と圧倒的に女性の失業率が京都市全体と比較して相当に高いという特徴が示されている。これは、30歳代以上の女性では家計を支える

表12　性別・年齢別・失業者数及び失業率（1974年竹田深草、1970年京都市 ）

		失業者数(A)			労働力人口(B)			失業率(A/B)		
		男	女	計	男	女	計	男	女	計
		人数	人数	人数						
竹田・深草地区	15～19	3(6.1)	4(1.9)	7(2.7)	22	19	41	13.6	21.1	17.1
	20～29	9(18.4)	22(10.4)	31(11.9)	139	105	244	6.5	21.0	12.7
	30～39	1(2.0)	37(17.5)	38(14.6)	126	87	213	0.8	42.5	17.8
	40～49	4(8.2)	40(19.0)	44(16.9)	124	76	200	3.2	52.6	22.0
	50～59	7(14.3)	45(21.3)	52(20.0)	58	63	121	12.1	71.4	43.0
	60歳以上	25(51.0)	63(30.0)	88(33.8)	55	84	139	45.5	75.0	63.3
	総数	49 (100.0)	211 (100.0)	260 (100.0)	524	434	958	9.4	48.6	27.1
京都市	15～19	848 (12.1)	284 (7.6)	1,132 (10.5)	21,692	21,867	43,559	3.9	1.3	2.6
	20～29	2,626 (37.3)	2,170 (57.8)	4,796 (44.5)	138,688	89,985	228,673	1.9	2.4	2.1
	30～39	1,130 (16.1)	547 (14.6)	1,677 (15.5)	105,260	45,098	150,358	1.1	1.2	1.1
	40～49	673 (9.6)	349 (9.3)	1,022 (9.5)	73,959	46,005	119,964	0.9	0.8	0.9
	50～59	787 (11.2)	266 (7.1)	1,053 (9.8)	53,529	33,719	87,248	1.5	0.8	1.2
	60歳以上	968 (13.8)	141 (3.8)	1,109 (10.3)	52,783	20,448	73,236	1.8	0.7	1.5
	総数	7,032 (100.0)	3,757 (100.0)	10,789 (100.0)	445,916	257,122	703,038	1.6	1.5	1.5

（注）京都市は昭和45年の国勢調査結果（全数）による。

ために就労する必要があり、失業対策事業での就労が受け皿になっていることと関連が深い。

ウ　進学率の格差は１９７０年代以降に大きく縮小

職業選択を制約する学歴構成の推移をみておく。竹田深草地区は改進地区とされている。

中学卒業生の進路決定状況の推移（**表13**）をみると、中学を卒業して高校に進学するものの比率は、１９６３年では竹田深草（改進地区）では23・4％で、就職その他は76・6％であったのに対し、京都市全体では75・0％が高校進学をし、就職その他は25・0％であり、その格差は歴然としていた。しか

表13　中学卒業生の進路決定状況の推移（%）

	改進地区					京都市同和地区					京都市				
	進学者				就職その他	進学者				就職その他	進学者				就職その他
	公立	私立	定時	計		公立	私立	定時	計		公立	私立	定時	計	
昭38	6.3	17.2	—	23.4	76.6	8.6	20.6	5.5	34.6	65.4	32.8	36.3	5.8	75.0	25.0
昭39	15.4	21.5	3.1	40.0	60.0	8.2	22.2	7.5	37.9	62.1	34.4	35.2	5.7	75.3	24.7
昭40	15.0	21.7	5.0	41.7	58.3	9.6	22.4	6.8	38.8	61.2	34.7	35.6	5.6	75.9	24.1
昭41	28.4	37.8	2.7	68.9	31.1	13.0	27.1	7.2	47.2	52.8	36.3	36.7	5.9	78.9	21.1
昭42	35.6	17.8	8.9	62.2	37.8	15.8	31.3	6.5	53.6	46.4	39.9	37.6	5.6	83.1	16.9
昭43	33.3	46.3	1.9	81.5	18.5	24.9	29.3	5.9	60.1	39.9	43.6	37.0	4.5	85.4	14.6
昭44	22.7	40.9	2.3	65.9	34.1	29.8	38.0	4.2	72.0	28.0	46.2	37.3	3.4	87.2	12.8
昭45	44.7	44.7	—	89.5	10.5	32.6	38.4	3.6	74.6	25.4	46.3	40.0	3.4	89.7	10.2
昭46	48.5	36.4	—	84.8	15.2	44.0	42.9	1.1	88.1	11.9	48.4	40.3	3.2	91.9	8.1
昭47	41.0	48.7	—	89.7	10.3	45.1	40.2	1.5	86.7	13.3	48.3	42.0	3.0	93.3	6.6
昭48	25.0	68.8	—	93.8	6.3	39.8	50.6	2.4	92.8	7.2	48.8	41.9	3.0	93.8	6.2
昭49	24.0	52.0	8.0	84.0	16.0	36.3	54.1	1.8	92.2	7.8	45.9	44.0	4.0	94.1	5.9

（注）京都市の調査による。

表14　出生地別人口（1974年竹田深草）

		計		男		女	
		度数	%	度数	%	度数	%
総数		1,699	100.0	810	100.0	889	100.0
同和地区	現住地区内	1,295	76.2	638	78.8	657	73.9
	市内の同和地区	40	2.4	12	1.5	28	3.1
	京都府下の同和地区	39	2.3	17	2.1	22	2.5
	他府県の同和地区	53	3.1	24	3.0	29	3.3
	同和地区計	1,427	84.0	691	85.3	736	82.8
同和地区外	市内の同和地区以外の地区	95	5.6	48	5.9	47	5.3
	府下の同和地区以外の地区	22	1.3	6	0.7	16	1.8
	他府県の同和地区以外の地区	72	4.2	33	4.1	39	4.4
	同和地区外計	189	11.1	87	10.7	102	11.5
外国		5	0.3	3	0.4	2	0.2
不明		78	4.6	29	3.6	49	5.5

し、１９６６年には高校進学率は68・９％まで上がっている。この時、京都市全体では78・９％の高校進学率であった。１９７３年には高校進学率は93・８％で、京都市全体の93・８％と高校進学率では同率となった。第一次石油ショックによる狂乱物価と不況に転換した１９７４年には、改進地区の高校進学率は84・０％と10ポイント近く下がり、経済基盤の不安定な層があることが示されていた。

エ．地区外出生者が11％

１９７４年時点での社会的交流の度合いを示す出生地別人口（**表14**）をみれば、同和地区外で出生した人は男性10・７％、女性11・５％で女性の比率がやや高いが、なお少数である。この状態が大きく変化するのは、同和対策事業による居住環境の改善や道路の整備が進んでからである。

三　同和対策事業実施後の到達段階

（１）広島県農村部の豊栄町での同和対策事業実施後の到達点

私は１９９４年に、同和行政施策を完了しようと住民ぐるみ取り組んでいる広島県の中山間地域の農村部にある豊栄町関係者から、到達段階を確認するための調査実施の依頼をうけた。広島県下の農村部では20戸くらいの集落単位で「講中」と呼ばれる相互扶助組織があり、火事や冠婚葬祭をはじめとした助け合い活動や諸行事をおこなってきた。この集落ごとの相互扶助組織から同和関係世帯（地区を形成するほど戸数が多くないのでこのように呼ぶ）が排除されていた。この同和関係世帯は歴史的経緯から少数ずつ点在していたために、隣の家からの助けがなく遠方の親戚の力を借りなければならず、その不合理さは際立っていた。しかし、排除される側が少数であるために社会的な問題とされにくいという事情もあった。

豊栄町では、戦前からこの不合理を克服する取り組みがあり、１９３２年にひとつの集落では同和関係世帯を含む集落単位の「講中統合」が実現していた。しかし、戦時体制が強まる中で他の11の集落の講中統合は実現しないまま残された。戦後の１９７１年に、２年１カ月の期間をかけて地域の区長、議員、行政、住民に問題提起し地道な議論を重ね、全町的な規模で講中統合をようやく実現している(6)。

このような部落問題解決への地域ぐるみの主体的な取り組みの歴史的経験をもつ豊栄町では、１９９５年に同和対策事業の終了宣言を住民合意で実現した。同和関係住民自身は特別施策への依存がもたらす弊害を意識し、特別施策終結によりこれからの自立を追求するようになった。同時に、なお営農支援や奨学金の給付などを必要とする場合に対応するために、施策の対象は同和関係のみを対象とした特別施策ではなく、同和関係か否かを問わない一般施策として、必要な条件を満たした対象者すべてに実施する町単独事業を起こした。このような先駆的な経験を持つ町であった。

私達が実施した調査は、「同和地区」と、同和地区に隣接する「周辺地区」、隣接はしないが同一小学校区内にある「周辺外地区」にわけて調査対象を設定し、その結果を比較する方法をとった(7)。

ア．生計中心者とその配偶者の職業

男性生計中心者の職業をみる（表15）と、いずれの地区でも農業に従事する人の比率が最も高いが、２番

表15　男性生計中心者の職業（1994年豊栄町）

	同和地区		周辺地区		周辺外地区	
	度数	%	度数	%	度数	%
計	33	100.0	153	100.0	106	100.0
他人を3人以上雇って事業経営	2	6.1	6	3.9	4	3.8
農業	9	27.3	39	25.5	36	34.0
農業以外の自営業	4	12.1	15	9.8	9	8.5
部長以上（従業員300人以上）の管理職	0	0.0	1	0.7	1	0.9
専門・技術職	0	0.0	7	4.6	3	2.8
従業員30人以上事業所の事務・セールス	0	0.0	8	5.2	2	1.9
従業員30人以上事業所の現場・労務職	5	15.2	13	8.5	13	12.3
事務系の公務員	3	9.1	11	7.2	10	9.4
現業系の公務員	0	0.0	0	0.0	2	1.9
従業員30人未満事業所の事務・セールス	0	0.0	4	2.6	4	3.8
従業員30人未満事業所の現場・労務職	0	0.0	15	9.8	5	4.7
商業・サービス系に雇われている	0	0.0	5	3.3	1	0.9
運転手	3	9.1	4	2.6	0	0.0
大工・左官職などの職人	1	3.0	6	3.9	3	2.8
臨時・日雇い	1	3.0	2	1.3	4	3.8
パートタイマー	0	0.0	0	0.0	0	0.0
内職	0	0.0	0	0.0	0	0.0
その他	2	6.1	2	1.3	3	2.8
無回答	3	9.1	15	9.8	6	5.7

表16　男性生計中心者の配偶者の職業（1994年豊栄町）

	同和地区		周辺地区		周辺外地区	
	度数	%	度数	%	度数	%
計	33	100.0	153	100.0	106	100.0
常勤の仕事	10	30.3	33	21.6	26	24.5
臨時雇い・日雇い・パートタイマー	4	12.1	23	15.0	12	11.3
自営業(農業を含む)	5	15.2	26	17.0	24	22.6
自営業の手伝い	4	12.1	16	10.5	10	9.4
その他	0	0.0	2	1.3	1	0.9
専業主婦	2	6.1	21	13.7	14	13.2
無職	3	9.1	11	7.2	7	6.6
無回答	5	15.2	21	13.7	12	11.3

表17　同和地区の生計中心者と子どもの婚姻類型別比率

	生計中心者		生計中心者の子ども	
	度数	%	度数	%
計	42	100.0	56	100.0
夫婦とも同和地区出身	28	66.7	11	19.6
夫は同和地区出身、妻は同和地区外出身	8	19.0	20	35.7
夫は同和地区外出身、妻は同和地区出身	2	4.8	24	42.9
無回答	4	9.5	1	1.8

目、３番目に高いのは、同和地区では従業員30人以上事業所の現業・労務職（15・２％）、農業以外の自営業（12・１％）、事務系の公務員（９・１％）、運転手（９・１％）の順となっているのに対し、周辺地区では従業員30人未満の現業・労務職（９・８％）、農業以外の自営業（９・８％）となっている。周辺外地区では従業員30人以上事業所の現業・労務職（12・３％）、事務系の公務員（９・４％）の順となっている。同和地区で運転手の比率が９・１％と若干高いという特徴はあるが、全体として大きな差異はみられない。

次に、男性生計中心者の配偶者の職業を比較してみる（表16）と、配偶者で常勤の仕事に就いている人の比率がいずれの地区も最も高いが、同和地区では30％を超える高さとなっており、女性の雇用労働者としての就労意欲の高さがうかがえる。次いで、どの地区とも農業を含む自営業がそれに続いており、大きな差異は認められない。

イ．婚姻関係

次に婚姻関係から部落問題の解決度合いをみると（表17）、生計中心者は、親の世代ともいえるが、「夫婦とも同和地区出身」というカップルは66・７％と３分の２ある。ところが、生計中心者の子ども

表18　従業上の地位別就業者構成比(2000年大阪府)

	男性		女性	
	同和地区	大阪府	同和地区	大阪府
該当数(人)	2,393	2,503,917	1,796	1,630,264
被雇用者	70.7	76.7	79.5	81.5
会社・団体の役員	6.6	7.5	2.6	3.4
自営業主(雇人あり)	8.4	5.7	3.0	1.9
自営業主(雇人なし)	10.8	8.7	5.0	3.7
自家営業の手伝い	2.3	1.3	8.1	8.6
内職	0.3	0.1	1.0	0.9
不明	0.9	0.0	0.8	0.0

注）大阪府は「国勢調査」2000年の数値。

の世代になると、「夫婦とも同和地区出身」というカップルは19・6％と5分の1と少なくなり、「夫は同和地区出身、妻は同和地区外出身」のカップルが35・7％、「夫は同和地区外出身、妻は同和地区出身」というカップルは42・9％と圧倒的多数となっている。子ども世代で結婚における同和地区の壁はほとんどなくなっていることが確認できる。子どもは地区から他出した人を含む数値であるが、社会的交流が大きく進んだことが示されている。

（２）大都市部での同和対策事業実施後の到達点（２０００年実施の大阪府同和地区調査より）

次に都市部での同和対策事業後の到達点を確認することにする。

ア．従業上の地位別就業者構成

大阪府が国の特別施策の終結に近い２０００年に、府下の同和地区住民を対象に実施した調査データがある。この調査は大阪府内の同和地区のみを対象としているので、地区外との比較には国勢調査データを活用する必要がある。

表19　結婚時期別婚姻類型別回答者数（2000年大阪府）

		該当数	夫婦とも同和地区出身	一方が同和地区出身の夫婦	夫婦とも地区外出身	その他不明
総数		4,256 100.0%	1,113 26.2%	1,493 35.1%	1,083 25.4%	567 13.3%
結婚時期別	1950年以前	302 100.0%	140 46.4%	60 19.9%	63 20.9%	39 12.9%
	1951年～1960年	637 100.0%	246 38.6%	149 23.4%	172 27.0%	70 11.0%
	1961年～1970年	987 100.0%	279 28.3%	290 29.4%	277 28.1%	141 14.3%
	1971年～1980年	775 100.0%	198 25.5%	275 35.5%	208 26.8%	94 12.1%
	1981年～1990年	757 100.0%	142 18.8%	331 43.7%	178 23.5%	106 14.0%
	1991年以降	705 100.0%	86 12.2%	365 51.8%	156 22.1%	98 13.9%

注）結婚時期別「不明」(n=93)は省略

まず、従業上の地位別就業者構成をみると（表18）、同和地区も大阪府全体でも被雇用者の比率が70％を超えているが、男女とも構成比率に大きな差異が認められない。

イ．結婚時期別婚姻類型

次に、結婚時期別婚姻類型をみると（表19）、1950年以前に結婚した人では、「夫婦とも同和地区出身」という人は46・4％で、「一方が同和地区出身の夫婦」は19・9％であった。1991年以降に結婚した人でみると、「夫婦とも同和地区出身」という人は12・2％で、「一方が同和地区出身の夫婦」は51・8％に達しており、地区内外の壁を越えて結婚した比率が多数になっている。これは、豊栄町の子ども世代の動向と同様である。

さらに、「夫婦とも地区外出身」という人は結婚時期に関わらず20％を超えており、様々な地域から来住してきた人が多いことも表している。

表20　住宅の所有形態別原住・来住者の構成（2000年大阪府）

		総　数	原住者	来住者(計)					不明
					出生地が現在地区の来住者	前住地が他の同和地区の来住者	前住地が同和地区以外の来住者	前住地不明の来住者	
総　数		7,805 100.0%	2,494 32.0%	5,292 67.8%	1,179 15.1%	668 8.6%	2,866 36.7%	579 7.4%	19 0.2%
住宅所有形態別	持家	2,318 100.0%	918 39.6%	1,396 60.2%	330 14.2%	236 10.2%	677 29.2%	153 6.6%	4 0.2%
	公営・改良住宅	4,796 100.0%	1,462 30.5%	3,323 69.3%	799 16.7%	382 8.0%	1,807 37.7%	335 7.0%	11 0.2%
	民間借家	520 100.0%	74 14.2%	446 85.8%	34 6.5%	39 7.5%	309 59.4%	64 12.3%	— —
	その他	118 100.0%	22 18.6%	95 80.5%	8 6.8%	9 7.6%	57 48.3%	21 17.8%	1 0.8%

注）住宅所有形態別「その他」には「社宅」「借間」を含む。

ウ．原住・来住者の構成

次に社会的交流に関わる、原住・来住者の構成をみる（表20）。大阪府のほとんどが都市地域であることを反映して、来住者は全体の67・8％という高さである。さらに前住地が同和地区以外の来住者は全体の36・7％になっている。これらの人が同和対策事業で整備された地区内の公営・改良住宅や持家、民間借家などに多数来住してきているわけである。

このような実態は、当該地区を「旧同和地区」と呼ぶことさえ妥当とはいえないくらい住民構成に変化が起こっていることを示している[8]。このような変化を前提とすれば、「同和地区」を対象としたような特別施策を実施することは困難であることは明らかであるし、またそのような特別施策の実施は地区内外の住民に困惑をもたらしかねないくらいに「旧同和地区」の解体状況が進んだと評価することもできる。社会問題としての部落問題は解決の最終段階にきていることを示している。

もちろん、これはすべての住民に安定した生活が実現していることをあらわすわけではない。住民の間には、不安定就労問題や要介護の問題、あるいは子どもたちの発達に関わる問題や課題を抱える人も少なからずある。しかし、それらの問題が部落差別に関わって発生しているものととらえることは困難であり、「同和地区」向けの特別施策で対応すると新たな溝を作ることになり、なによりも住民がそれを受け入れにくい。むしろ都市部に住む人が共通に抱える社会問題あるいは福祉問題としての構造把握と解決策の提示や、民主的な地域づくりによって対応する必要性のある課題だと言える。

（3）大阪府が実施した同和問題に関する意識調査の結果

次に、部落問題の解決指標の2番目にあたる、部落差別に関する意識に関するデータをみる。

ア．結婚に関する意識

農村部の広島県豊栄町でも大阪府内の地域でも、同和地区内外を越えた結婚が、若い世代では多数になってきている。これには、一般市民の間でも、結婚の際に「同和地区」にこだわる意識が大きく後退していることがあらわれている。大阪府が２０１０年に実施した調査（**表21**）の「結婚相手を考える際に気になること（なったこと）はどんなことですか」という問いに対する回答では、「自身の場合」の回答で、「人柄、性格」84・3％、「趣味や価値観」50・2％、「経済力」44・7％、「仕事に対する相手の理解と協力」44・0％など項目が、「気になること」と挙げられる比率が高い。次いで、「家事や育児の能力や姿勢」34・

表21 『人権問題に関する府民意識調査結果報告』（2010年大阪府）

結婚相手を考える際に、気になること（なったこと）はどんなことですか。あなたご自身の結婚の場合と、お子さんの結婚の場合とに分け、気になる項目を選んでください。お子さんがいらっしゃらない方も、いると想定してお答えください。（○はいくつでも）

【結婚を考える際に気になること（気になったこと）（自分自身の場合）】（上段：%、下段：人）

		回答者数	人柄、性格	趣味や価値観	仕事に対する相手の理解と協力	家事や育児の能力や姿勢	経済力	学歴	職業	家柄	離婚暦	国籍・民族	相手やその家族に障がいのある人がいるかどうか	相手やその家族の宗教	一人親家庭かどうか	同和地区出身者かどうか	その他	とくにない	無回答・不明
全体		100.0	84.3	50.2	44.0	34.0	44.7	13.7	26.4	13.8	21.9	25.2	11.7	27.7	4.1	20.6	2.1	2.8	9.4
		903	761	453	397	307	404	124	238	125	198	228	106	250	37	186	19	25	85
性別	男性	100.0	85.3	48.0	47.2	38.8	28.4	10.2	15.2	11.7	19.3	25.6	11.7	24.4	3.3	18.8	2.0	3.3	7.6
		394	336	189	186	153	112	40	60	46	76	101	46	96	13	74	8	13	30
	女性	100.0	84.7	53.8	42.1	29.7	60.8	16.5	37.3	16.7	25.6	26.8	13.9	32.5	4.8	24.9	2.4	1.9	10.0
		418	354	225	176	124	254	69	156	70	107	112	58	136	20	104	10	8	42
	不明	100.0	78.0	42.9	38.5	33.0	41.8	16.5	24.2	9.9	16.5	16.5	2.2	19.8	4.4	8.8	1.1	4.4	14.3
		91	71	39	35	30	38	15	22	9	15	15	2	18	4	8	1	4	13
年齢	20歳代	100.0	93.1	75.9	58.6	41.4	41.4	12.1	24.1	15.5	27.6	10.3	5.2	34.5	1.7	8.6	1.7	-	6.9
		58	54	44	34	24	24	7	14	9	16	6	3	20	1	5	1	-	4
	30歳代	100.0	87.0	69.4	46.3	42.6	50.0	8.3	24.1	14.8	25.0	19.4	11.1	28.7	4.6	15.7	1.9	3.7	5.6
		108	94	75	50	46	54	9	26	16	27	21	12	31	5	17	2	4	6
	40歳代	100.0	86.6	63.0	47.2	35.4	38.6	7.9	17.3	10.2	19.7	22.0	9.4	23.6	3.1	18.1	3.1	1.6	7.1
		127	110	80	60	45	49	10	22	13	25	28	12	30	4	23	4	2	9
	50歳代	100.0	86.6	47.0	38.8	26.1	40.3	11.9	24.6	14.2	14.2	18.7	9.7	29.1	1.5	17.9	1.5	3.7	6.7
		134	116	63	52	35	54	16	33	19	19	25	13	39	2	24	2	5	9
	60歳代	100.0	84.3	43.7	40.6	28.9	44.7	15.2	31.0	12.2	22.3	34.0	13.2	29.4	4.6	22.3	1.5	3.6	8.6
		197	166	86	80	57	88	30	61	24	44	67	26	58	9	44	3	7	17
	70歳以上	100.0	80.0	35.1	45.4	37.3	51.4	20.0	31.9	18.9	27.6	35.1	20.0	28.6	6.5	34.6	3.2	1.6	14.1
		185	148	65	84	69	95	37	59	35	51	65	37	53	12	64	6	3	26
	不明	100.0	77.7	42.6	39.4	33.0	42.6	16.0	24.5	9.6	17.0	17.0	3.2	20.2	4.3	9.6	1.1	4.3	14.9
		94	73	40	37	31	40	15	23	9	16	16	3	19	4	9	1	4	14

表22　同和問題を初めて知ったきっかけ

（上段：人、下段：％）

		回答者数	父母や家族から聞いた	近所の人からきいた	学校の友達からきいた	職場の人からきいた	学校の授業で教わった	講演会、研修会などできいた	府県、市町村の広報誌で読んだ	テレビ、映画、新聞、雑誌、書籍などで知った	近くに「同和地区」があった	その他	おぼえていない	＊複数回答者計	無回答・不明
府全体		3424	610	100	95	107	797	48	52	172	227	35	134	1015	32
		100.0	17.8	2.9	2.8	3.1	23.3	1.4	1.5	5.0	6.6	1.0	3.9	29.6	0.9
性別	男	1486	249	47	45	61	304	31	29	89	116	14	70	420	11
		100.0	16.8	3.2	3.0	4.1	20.5	2.1	2.0	6.0	7.8	0.9	4.7	28.3	0.7
	女	1938	361	53	50	46	493	17	23	83	111	21	64	595	21
		100.0	18.6	2.7	2.6	2.4	25.4	0.9	1.2	4.3	5.7	1.1	3.3	30.7	1.1
年齢別	２０～２９歳	408	37	−	5	3	235	2	−	5	7	5	4	104	1
		100.0	9.1	−	1.2	0.7	57.6	0.5	−	1.2	1.7	1.2	1.0	25.5	0.2
	３０～３９歳	567	60	3	17	10	282	1	−	7	17	1	11	155	3
		100.0	10.6	0.5	3.0	1.8	49.7	0.2	−	1.2	3.0	0.2	1.9	27.3	0.5
	４０～４９歳	544	78	2	17	13	191	4	1	17	19	5	17	173	7
		100.0	14.3	0.4	3.1	2.4	35.1	0.7	0.2	3.1	3.5	0.9	3.1	31.8	1.3
	５０～５９歳	762	180	32	27	32	67	9	9	59	64	10	34	231	8
		100.0	23.6	4.2	3.5	4.2	8.8	1.2	1.2	7.7	8.4	1.3	4.5	30.3	1.0
	６０～６９歳	672	151	37	14	36	13	20	22	49	72	7	28	216	7
		100.0	22.5	5.5	2.1	5.4	1.9	3.0	3.3	7.3	10.7	1.0	4.2	32.1	1.0
	７０歳以上	470	104	26	15	13	9	12	20	35	48	7	40	135	6
		100.0	22.1	5.5	3.2	2.8	1.9	2.6	4.3	7.4	10.2	1.5	8.5	28.7	1.3

※年齢不詳（１人）は数表から除いているため、合計は府全体と一致しない。

０％、「相手やその家族の宗教」27・7％、「職業」26・４％、「国籍・民族」25・２％、「離婚歴」21・９％と続き、その次の10番目に「同和地区出身かどうか」があげられ、20・６％となっている。年齢別の集計をみると「同和地区出身かどうか」が「気になる」と選択した人は若いほど比率が低く、20歳代では８・６％にとどまっている。

このことが直ちに部落差別が「社会的に通用」しなくなっていることを意味するとはいえないが、若者たちの多数は、それにこだわることに意味を見出さなくなっていることを示す。

イ　同和問題を初めて知ったきっかけの世代差

さらに、市民意識の実態に関してもう

1つ考慮する必要があるのは、「同和問題」を知るきっかけが世代によって大きく異なってきていることである。2005年の大阪府の府民意識調査結果によると（表22）、20歳代では「学校の授業で教わった」というのが57・6％、30歳で49・7％、40歳代でも「学校の授業で教わった」が35・1％と最も比率が高い。ところが、50歳代以上では「父母や家族から聞いた」が20％を超えている。60歳以上ではこの他に「近くに『同和地区』があった」が10％を超えている(9)。

2005年で40歳代の人は現在では50歳代であるが、この世代よりも若い人たちは、「同和問題」を身近に経験するのではなく、学習を通した観念的な知識として入っており、現実の社会関係をとおして体験的に部落差別を認識する状況ではないことを示している。このような観念的な認識は、現実によって確認され正されていかなければならないが、それは、部落問題解決の最終段階にきている段階の状態に関する現実的な認識によって正されていく必要がある。

四　いわゆる「歴史的後進性」について

部落問題解決の指標とされる「同和地区住民の生活態度にみられる歴史的後進性の克服」という点に関する調査データは少ない。ここでは2つのデータを紹介したい。

（1）京都市皆山中学卒業生の調査より

1959年3月に京都市立皆山中学校を卒業する生徒を対象に、卒業後も5年間追跡して、担任の教師を

表23 あなたのおうちでは夕食のすんだあとなどに、お父さんやお母さんや、兄弟姉妹がみんなでいっしょになって遊んだり、いろいろとお話をしたりすることがありますか						
	みんなで遊んだり話し合ったりすることが多	それほど多くない	滅多にない	ないといってよい	わからない	計
部落出身生徒	8.0%	58.0%	20.4%	12.5%	1.1%	100.0%
部落外生徒	32.1%	50.0%	10.7%	5.4%	1.8%	100.0%

はじめとする教師集団と部落問題研究所の馬原鉄男、三木一平らが協力して実施された調査がある(10)。調査は１９５８年10月から１９６２年10月まで１年ごとに継続的に実施され、回答の分析においては、部落出身生徒と部落外生徒という区別がなされている。このような調査は、今日では現実的にも倫理的にも実施は困難なものであるが、当時においては、部落問題の現実やそこに存在する諸問題の解決に資することを生徒も親も教師も期待していたがゆえに実施できたであろう貴重な歴史的調査である。

この調査で、１９５８年に生徒たちに家庭内の民主主義の度合いを尋ねた調査項目がある。**表23**は「夕食のすんだあとなどに、お父さんやお母さんや、兄弟姉妹がみんなでいっしょになって遊んだり、いろいろとお話をしたりすることがありますか」とたずねたものである。このような家族内のだんらんの習慣が「滅多にない」や「ないといってよい」と答えた割合が、部落出身の生徒の場合に比率が20％くらいの差で有意に高い。また、部落出身生徒では、家族の「みんなで遊んだり話し合ったりすることが多い」と答えたものは８・０％で、部落外牛徒の32・１％よりも20％以上低い。これは、中学３年生の子どもたちが、自分の家族内での親世代が作り上げてきた家庭内の関係現実について、戦後の新しい義務教育を受けた生徒たちが、批判的に評価し、この状態を白分達の世代では変えていきたい

表24　保護者の職業比率

	部落出身生徒	部落外生徒
製造加工業	5.6%	14.3%
物品小売業	6.8%	8.9%
小営業者	18.2%	17.9%
技能労働者	10.2%	12.5%
雑役労務者	31.8%	4.8%
公務員、団体役員	1.1%	4.2%
会社員、店員	5.7%	22.0%
その他	2.3%	5.3%
無職	18.2%	10.1%
計	100.0%	100.0%

表25　世間の家では、封建的な関係がつよいといわれていますが、あなたからみて、あなたの家庭の人間関係（お父さんとお母さんの関係、あなたと両親の関係、あなたの兄弟姉妹との関係など）は、民主的でしょうか。それとも封建的でしょうか。あなたからみてどうでしょうか。

	まだまだ封建的なところが多い	まずまず民主的	わからない	計
部落出身生徒	21.6%	30.6%	47.8%	100.0%
部落外生徒	14.9%	50.5%	34.6%	100.0%

という志向性も含んだデータとして読み取ることができる。

この背景には、部落の親たちが家庭でのだんらんに時間を割けないくらいの労働や生活実態が厳しい状態にあり、その中で形成された慣習が影響している世帯の存在が容易に想像されうる。そこで、保護者の職業構成の特徴をみてみる。**表24**は、保護者の職業をみたものであるが。部落出身生徒の保護者の中には、「雑役労務者」が31・8%、「無職」が18・2%と高い比率をしめる一方、「会社員、店員」が5・7%にとどまり、部落外生徒の保護者では「会社員、店員」が22・0%であるのに比較して、部落出身生徒は低位で不安定な就労実態にある保護者がほぼ50%もあり、上の様な推定があながち外れてはいないことがわかる。

次いで、**表25**は「あなたからみて、あなたの家庭の人間関係（お父さんとお母さんの関係、あなたと両親

表26　あなたのおうちは、他のおうちからみて、みんなが円満に暮らしているほうですか。それとも、それほど円満な家庭とも思えませんか。

	非常に円満な家庭と思う	まあまあ円満といえるほう	それほど円満とも思えない	円満な家庭とも思えない	わからない	計
部落出身生徒	13.6%	45.5%	25.0%	9.1%	6.8%	100.0%
部落外生徒	29.2%	45.8%	17.3%	4.8%	2.9%	100.0%

の関係、あなたの兄弟姉妹との関係など）は、民主的でしょうか。それとも封建的でしょうか」とたずねたものである。部落外生徒では、「まずまず民主的」と回答したものはおよそ半数の50・5％であるが、部落出身生徒では30・6％にとどまっており、「まだまだ封建的なところが多い」と回答した比率が、部落出身生徒で21・6％と部落外生徒よりも7％くらい高い。そして、「わからない」という回答が47・8％と最も多くなっている。部落生徒の方が家族関係が民主的である、と答えた比率が低い。しかし、同時に「わからない」という比率も高いことは、親の仕事の関係で親子の接点が少なく、関係が見えにくい実態を映し出しているのかもしれない。

もう1つの**表26**は、「あなたのおうちは、他のおうちからみて、みんなが円満に暮らしているほうですか。それとも、それほど円満な家庭とも思えませんか」という問いの回答をみる。「まあまあ円満といえるほうだ」と回答したものが、部落出身生徒も部落外生徒もほぼ46％と同率であるが、部落出身生徒には「それほど円満とも思えない」「円満な家庭とも思えない」と回答したものの比率が34・1％あり、部落外生徒（22・1％）よりも高くなっている。これら、3つの調査項目は、子どもの世代から見た、親の世代が作り出している家庭内での民主主義的関係の「歴史的後進性」の度合いがあらわれているようにも思われる。

表27　一家の中には中心になる人を決めてやっていった方がよいかどうかということについて次のような意見があります。あなたはその中のどれに一ばんさんせいですが。							
	家族会議のようなかたちで家庭のすべてをみんなで相談しあっていく	一家の長になる人がきまっていないと家がおさまらないから法律できめておいた方がよい	昔からのしきたりだから一家の長になる人をきめておいて、そのさしずに従わなければな	一家の長になる人をきめなくても実際に能力のある人が中心となってやればよい	その他	わからない	計
部落出身生徒	77.8%	0.0%	3.7%	7.4%	4.9%	6.2%	100.0%
部落外生徒	79.2%	0.6%	1.8%	7.7%	6.5%	4.2%	100.0%

次に、子ども世代での民主的感覚について比較検討するために、**表27**「一家の中には中心になる人を決めてやっていった方がよいかどうかということについて次のような意見があります。あなたはその中のどれに一ばんさんせいですか」という問いへの回答をみる。

それによれば、部落出身生徒も部落外生徒も「家族会議のようなかたちで家庭のすべてをみんなで相談しあっていく」と回答したものの比率が80％近くなっており、両者にほとんど差がないという結果が出ている。このようなデータをみて、この調査報告書の最後に掲載されている座談会では三木一平は「ぼくらの子ども時分には親父は寝床の中にいて『おい、新聞もってこい』といえば、それを持っていくことが親孝行だったな。今だと『何や、お父さん寝とって何だい』とまぜくりますわな。（中略）だから今の子ども達が部落の子であろうとなかろうと、古い家族制度の中にある秩序とか習慣というようなものを変えていくわけでしょう。（中略）昔だったら親の言うことを聞くことが子どもの務めだったが、今の子どもはそんな事にこだわらずに自分の意見をおし通していき、実行していく。これはわたしは貴重だと思うんですよ」(11)と述懐している。戦後の民主的な教育や社会環境の下で育ってきた子どもたちの世代では、親の仕事において格差が存在していても、すでに1960年代前後で、意識における「歴史的後進性」は大きく後退し、部落外生徒との違いもほとんどなくなりつつあることが確認できるのである。

(2) 1994年の豊栄町調査の地区住民が指摘する克服すべき点

1994年の豊栄町の調査でも「歴史的後進性」に関する意識調査を試みた。「同和地区関係者」に「同和問題を解決するために、生活態度などの面で、同和地区住民にも克服しなければならない問題として、一般的に次のようなものがあげられていますが、今住んでおられる地区でも問題だと思うものすべてに○をつけてください」と問うた。地区住民自身に、この点に関してどのように自覚しているのか回答をしてもらった（表28）。

表28　同和問題を解決するために、生活態度などの面で、同和地区住民にも克服しなければならない問題として、一般的に次のようなものがあげられていますが、今住んでおられる地区でも問題だと思うものすべてに○をつけてください。

項目	%
言葉使い	57%
市民的道徳、社会的常識	57%
他人と接する態度	52%
規律ある生活習慣、生活態度	52%
堅実で計画的な生活設計	48%
協力性、協調性	48%
非民主的な人間関係	43%
根気、忍耐力	40%
同族意識	38%
同和行政に依存した生活	36%
地区の文化水準	33%
労働にふさわしい資質、能力	29%
子どものしつけ	24%
服装	10%
このようなことは問題でない	7%
問題はない	5%
その他	2%

ここにあげた内容は、生活習慣や生活文化と密接に結びついたものであるために変化がゆっくりであり、

表29　家族そろっての食事など団らんの時間はあるか

	同和 男	周辺 男	周辺外 男	同和 女	周辺 女	周辺外 女
はい	90%	95%	92%	50%	100%	100%
いいえ	10%	3%	6%	0%	0%	0%
今は必要ない	0%	0%	0%	0%	0%	0%
無回答	0%	2%	3%	50%	0%	0%
計	100%	100%	100%	100%	100%	100%

しかも自覚しにくいものであるが、回答では、「言葉使い」「市民的道徳、社会的常識」「他人と接する態度」「規律ある生活習慣、生活態度」「堅実で計画的な生活設計」「協力性、協調性」「非民主的な人間関係」「根気、忍耐力」「同族意識」「同和行政に依存した生活」などの項目を指摘する比率が相対的に高い。もちろん、この数値はそのような比率で問題が存在していることを示しているわけではない。むしろ、そのような点を克服すべき問題として自覚している人の比率をあらわしている。

次に子どものいる世帯の「生計中心者」に、「家族そろっての食事など団らんの時間はあるか」という問いに対する回答をみてみた（表29）。それによると、ほとんどの世帯で「家族そろっての団らんの時間」はとれており、表23で見たような、１９５８年の皆山中学の部落出身生徒の30％以上が、そのような家族団らんの機会がないと回答していた実態とは大きく変化してきていることが確認できる。それは、また皆山中学の生徒の世代が今は、親の世代になっていることとも関連している。

さらに、豊栄町の場合は、１９７１年以降の「講中統合」の取り組みや、同和行政施策による環境改善や就業の安定などが、このような変化をさらに促進させた要因と考えられる。そのことを確かめるために、同和関係地区の住民の「子どもの教育についての関心」「地域活動（地域づくり）に

表30　教育や地域での生活について「講中統合」前と比べて変化したと思うか

	子どもの教育についての関心	地域活動(地域づくり)についての住民の関心	地区内外の人々との日ごろのつきあい関係	結婚の自由について
非常に高まった	21%	21%	40%	19%
やや高まった	43%	40%	21%	36%
かわらない	19%	21%	29%	31%
低くなった	0%	2%	2%	5%
わからない	17%	14%	0%	10%
計	100%	100%	100%	100%

ついての住民の関心」「地区内外の人々との日ごろのつきあい関係」「結婚の自由について」の変化についての評価意識をみた。それによると、30％の人が「地区内外の日ごろのつきあい関係」や「結婚の自由について」「かわらない」と回答しているが、全体に60％以上の人が「高まった」もしくは、「非常に高まった」と評価している（表30）。

このような変化があったからこそ、表28のような、地域的な共通の特徴をもった「歴史的後進性」の課題も克服すべきものとして批判的に自覚できるようになっており、現実にはその克服も、全体として進んできていると言える。類似の課題がまだ残存しているとすれば、それは不安定就業や特殊な職業的な性質、あるいは生活上の困難や孤立状態が続く中で、個別家族単位の文化的な慣習として再生産されていると考えられる。したがって、その克服は就業や生活条件にかかわる行政的な手段のみで達成されるものではなく、地域での子どもや若者世代を対象とした教育活動や、地域での民主的な文化・スポーツ活動などへの参加を通した、地域づくり活動の活性化によって徐々に実現されていくものであり、粘りづよい地域社会づくりが重要となる。

おわりに―これからの地域づくり

以上、４つの指標に関わる社会調査データを紹介しつつ、部落問題解決過程をみてきた。指標により、地域ごとの進み方の違いがあり、その進度や内容も地域によって異なっているのは当然であるが、部落問題の解決過程は大きく進んでいることは明らかである。今後は、部落問題解決の最終段階を越えて、子どもや若者から高齢者や障害を持った人、一人暮らしの人も安心して暮らせ、安定的な仕事に就くことができ、困ったときには相談に乗り、ともに考えてくれるところがある地域づくりが求められる。そして、地域に住む人たちのあいだでも、互いの違いと個性を尊重した民主的な交流関係が営めるような、地域社会づくりのための課題に、多様に連帯して取り組む局面にさしかかっていると言える。

註

（１）真田是（１９９５）『部落問題の解決と行政・住民』（部落問題研究所）、12頁。１９７４年の八鹿高校事件を頂点とした、部落解放運動の排外主義的な暴力的糾弾路線をとる潮流の跋扈（ばっこ）が部落内外で大きな問題となり、これを契機に部落問題の解決とはどのような状態を目指すことなのか、どのようにそこに接近していくのかが真剣に問われるようになり、国民融合論の路線に結実していく。当初これに強く反発していた部落解放同盟やその影響下にある人たちも、滋賀や奈良をはじめ事実上この路線を容認するようになっていった地域は少なくない。

（２）和歌山県同和問題研究委員会と和歌山大学・山本正治研究室（１９５４）『調査その１』

（3） 当該の県議が県の土木工事の竣工式の宴席によばれていない腹いせに、部落出身の同僚議員と関係者に差別的な言動を行った事件を取り上げて、議員辞職を求めるとともに、「差別を生み出す、差別される実態」が問題であり「差別は行政の中にある」と問題にされ運動がひろがっていった。
（4） 成澤榮壽他（１９５８）「武蔵野の部落　埼玉県Y市X町実態調査概要」『早稲田大学部落問題研究会会報第10号』
（5） 杉之原寿一他（１９７５）『京都市竹田深草地区実態調査報告書』部落問題研究所
（6） 石倉康次（２００４）「地域における民主主義と福祉の課題を考える」『部落問題研究』第１６８輯、部落問題研究所、pp. 154–171。石倉康次「部落問題の解決過程と社会調査」（２０１４）『部落問題解決過程の研究　第3巻』部落問題研究所、pp. 17–92
（7） 石倉康次受託調査（１９９５）『地域のくらしと民主主義に関する調査報告書』（広島県豊栄町）。
（8） 石倉康次・鈴木良他（２００７）『大阪府「旧同和地区」実態調査と人権意識調査について』部落問題研究所。石倉康次（２０１２）「もうやめるべき『人権意識調査』―２０１０年度版大阪府『人権問題に関する府民意識調査』の検討」『民主と人権』第１００号、pp. 1–15
（9） 大阪府『人権問題に関する府民意識調査報告書』２００６年、pp. 42–43
（10） 京都市教育委員会社会教育課（１９６３）『中学卒業生の進路構造―5カ年継続進路調査の総括報告』部落問題研究所。
（11） 京都市教育委員会社会教育課（１９６３）『中学卒業生の進路構造―5カ年継続進路調査の総括報告』部落問題研究所、223 頁

第三章　広島市福島町における解決過程をどう見るか

大塚　茂樹

一　この地域の歴史的特質

広島市福島町を中心とした地域は、市域がはるかに広がった現在では市の中心部である。路面電車で原爆ドーム前から13分で福島町の電停に到着する。この平和大通りに面して、福島生協病院や専門学校、西区役所が立ち並んでいる。福島町、小河内町（旧・南三篠町）、都町（戦後に誕生）の3町で人口は5500人程度である。戦後初期まで市内には7本の川が存在していたが、その西側の2本、山手川と福島川に挟まれたひょうたん状の島の形をした地域が福島町を中心とした地区であった。同町は江戸時代には佐東郡川田村と呼ばれており、多くが開拓造成された地である。1871年に川添村と改称している。この地域は部落差別といかに直面してきただろうか。

明治期以降の地域の産業として、食肉・皮革・製靴などが重要である。これらの生業で裕福になり、多額を納税する富裕層も存在していた。その一方で生活に逼迫した人びとがぶ厚い層をなし、土方・日雇い・雑業の従事者も多かった。

１９０７年、現在の町名に変わった。同年５月２日の町内の大火で約２００戸が焼失したことを機に、福島町一致協会が産声を上げた。警察署長が設立準備の中心を務め、会頭は駐在巡査、副会頭は住職。主な活動としては、精神修養の講話会開催、青年会・少年会設立と夜学校の開設、トラホーム撲滅、勤倹貯蓄の奨励などにとりくんだ。

内務省・県当局は官製の部落改善団体を育成しようとしていた。地方官吏、教育者、宗教家、警察官が重要な役割を果たした。一致協会も例外ではない。ただ中江兆民の弟子であるジャーナリスト・前田三遊の関わりが異色だった。副会頭の照山正信も重要である。妙蓮寺の住職兼医師として衛生水準の向上に献身した。正信の４男正巳は前田三遊に師事して、社会科学の学習会や弁論大会を開き、後に広島県水平社を創設する。地域の青年たちは官憲の弾圧を恐れず、差別糾弾闘争を大々的に展開していく。無産階級との連携でより広範な運動を志向する潮流が活動を牽引していった。

翻（ひるがえ）って、福島町一致協会と水平運動との関わりが興味深い。１９２２年の時点で一致協会の幹部を公選制にせよという要求が出て、公選制に移行したことは重要である。その後の推移は資料で跡づけられないが、西隣保館の館長を務めた益田与一が水平運動の幹部とは昵懇（じっこん）であったと回想していることも注目に値する。

被差別体験について、明治生まれの世代では「福島町のよっちゃんが…」という囃し歌でいじめられることもあった。学校での盗難の犯人にされた。隣町の子どもが殴ろうと待ち構える中で橋を渡れずに川を渡って帰ったという証言もある。なお１９２３年から１９４３年は地域内に福島小学校が存在していた。

他町での買い物で、福島町民から商店主は代金を受け取らなかった。店先の瓶（かめ）に小銭を入れて清めた上で、初めて代金として受け取ったという挿話も戦後まで長らく語り継がれてきた。町外への手紙には福島町ではなく西松原町という通称を書くようにという戒めも伝承されてきた。町内には朝鮮人の集住地域も存在していた。就職先は限定されており、屠場へ勤めるか、靴職人になるかが多かった。

軍都広島の発展は、食肉や製靴でも軍関係の仕事を増やした。缶詰、肥料、ボタン加工、古靴の競売等も盛んになった。軍払い下げの米飯が町内の通りで販売されていた。

さて、市内を分岐しながら流れる太田川では洪水が頻発して猛威を振るった。昭和初期の時点で治水対策としての改修工事が構想され、最も西にある山手川の川幅を広げて、福島川を埋め立てる計画が定まっていた。工事が始まると、水平社広島県本部は立退き反対期成同盟を作って公営住宅の建設を要望した。土地買収と強制立ち退きが行われるなかで、町民は水平社に結集して居住権の保障、公営住宅建設の要求などのスローガンを掲げて闘い続けた。戦争の進展とともに工事は縮小され、１９４４年に中止された。

１９４５年８月６日、爆心地から２キロ未満も多く含まれているこの地域は原爆で甚大なる被害を受けた。約８割の家屋が全壊。即死者は１割に達する。ゆでた蝦（えび）のように赤茶けた遺体も散乱していた。変わり果てた姿で必死に避難する群れとともに住民も逃げた。ただ野宿をした後に住まいのあった場所へ帰った住民の比率が高い。親戚もこの地域内に居住していて、格好な避難先を持たない人びとが多かったことが特徴でもあった。

二　戦後初期に直面していた現実

被爆によって傷つき、貧しさに直面していた人びと。精神的漂流を続けざる得ない人たちはこの町にも多くいた。町並みは被爆直後においては他町も深刻だったので、甚だしい格差ではない。だが１９５０年時点での小学校の長期欠席者数が他地区の４倍であるという1点を取りあげてみても、この地域の実情はより深刻であった。

戦後10年近く経過すると、他地区では県営・市営住宅が建設され始めていた。狭隘な土地に不良住宅が密集し、粗末なバラックが継ぎ接ぎのようにして建てられていたこの町は、迷路も多かった。豚小屋も密集しており、下水道や排水設備も完備されていなかった。屠場での排水設備も不十分だった。大雨が降ると床上浸水・床下浸水がくりかえされて伝染病の発生率も高かった。町内に市立診療所はあったが、診療時間は短く医師不在の時も多かった。安心してかかれる医療機関ではなかった。街灯もない町だった。

長らく失業対策事業登録者数が多数であったのも町の特徴である。部落差別と被爆の苦しみに加えて、貧しさにあえぐ住民が多かった。町外から転居してきた生活困窮者も少なくなかった。地域が抱える現実は深刻そのものである。衛生環境の問題を初めとして、行政は何をしているのか。行政による差別の拡大再生産だと住民が憤ったことも当然である。

戦後初期からトラホームの集団治療が行われ、子どもたちをとりまく深刻な現実の中で、１９５０年には「わかくさ子ども会」の活動がスタートしている。この子ども会こそ、部落解放をめざした地域の教育・文化運動の柱であり、地域をより良く変えていく担い手を育てるという点でも画期的な意味を持っていた。また町内の有力者たちが、子ども会に多くの支援をしたことも記憶されるべきである。

戦後工事が再開された太田川改修工事に対して、この地域の住民が激しく抵抗したのが太田川闘争。そのピークは１９５４年だった。荊冠旗を掲げて座り込み、土砂運搬作業を止めた。太田川改修立退者生活擁護同盟が組織されていた。部落解放委員会(当時)が支援して、在日朝鮮人も含めて地域住民が団結した。ヤクザからの妨害もあったが、後には彼らも手を引いて闘いは進んだ。1億5700万円の補償金を引きだし、無茶な立ち退きを認めなかったことも成果であるが、後々まで100米道路(平和大通り)敷設の立ち退き問題と連携して、区画整理反対闘争として継続されていった点も貴重である。

この1954年の時点で、部落解放委員会福島支部は以下のような要求書を掲げていたことに注目したい。①太田川改修工事に地元民を雇い埋立地を福島町民のため使え。②不良住宅に住む移転者に土地付き住宅を与えよ。③移転者に土地を与え、完全な移転費を与えよ。④都市計画にもとづいた、道路、上下水道、公園、公共施設を完備せよ。⑤不良住宅を一掃し、近代的都市にふさわしい勤労者住宅を建てよ。⑥公共浴場、託児所をつくれ。⑦総合病院を設置し、生活保護を完全に適用せよ。⑧失業と貧困をなくする産業計画をたてよ。⑨長期欠席児童をなくする為の対策をたてよ。⑩早急に消火設備を完備せよ。

地域にとって切実な要求ばかりであった。この翌年には、安心していつでもかかれる医療機関として福島診療所建設が急ピッチで進み、8月に診療が開始された。住民自らが組合員として出資する生協という形態での診療所だった。地域の改革にとってどれほどの意義があったかは明らかである。ただその他の項目については、短期間で実現できないことも多く、以後部落解放運動の場でも持続的に追求されていくことになる。

三　地域はどう変わり、困難はどこに残ったか

山代巴編『この世界の片隅で』(岩波新書)は1960年代前半のこの町の困難を強調して、環境の劣悪さ

を描き出している。だが町をその角度だけで描くのは妥当ではない。その時点で多様な町づくりが育まれていた。住民の間には長年の厚い友愛も存在していた。

もちろん地域の生活保護受給率の高さや底辺の被爆者の存在は地域の困難性を示すものであり、容易に解決はできなかった。地域の困難が短期間で改善されるはずはない。ただ１９６０年代後半には、地域の環境は急速に整備されていく。汚れたどぶ川も姿を消し、屠場での排水設備も整備されたことなどで水害による伝染病の発生という環境は消滅した。公営住宅が続々と建設されることで、町並みも一新された。

衛生環境の整備も住宅建設も同和対策事業以前から住民の手弁当の運動で切り開かれたものであり、行政にお任せではなかった。公営住宅についても、一間増築や浴槽の設置など住民の要求を受けとめた中で、運動としてたえず改善を図っていった。外国籍を含む地域への流入者を居住対象としたことは重要な一里塚であった。その一方で新築の公営住宅で老人の孤独死が発見されたことが、関係者に衝撃を与えて後年の「くすの木苑」を生み出す源流になっていく。実態調査で住民の実態が照らし出されたことから、新たな行動が提起されていった。

部落問題の解決が容易ではないことを示し続けたのは、教育現場での実態である。１９８０年代に入ってもなお部落差別が生活と家族の困難を規定して、苦しみを抱える生徒たちは少なくなかった。観音中学校では校内暴力、非行、授業妨害が頻発した。もちろん全国共通の現象でもあるが、その深刻度がきわめて高かったことは言うまでもない。

教師たちは並外れた努力を強いられた。すでに１９５０年代から福島地区と在日韓国・朝鮮人集住地域で地区会(夜の保護者会)が開かれて、学校と家庭との連携は続けられていた。教師たちは校内だけでなく地域でも家庭訪問を繰り返し、保護者とも連携して必死だった。福島地区内外の保護者はＰＴＡ活動で献身した。
この地域をより良く変えなければ、子どもたちを育てていけないことを多くの人が実感していた。地域での自主的な子育て活動も模索された。小学校６年生から中学校３年生までの各家庭持ち回りの共同学習会を牽引したのは、学生時代にこの地域に出会って以後住民となったこの地域の全国部落解放運動連合会（全解連）リーダーの小西正則である。また教育集会所では、教育委員会傘下とは思えぬほどの大胆な子育て活動が提起され、夏休みの長期キャンプなど創造的な活動をしていた。

以上の多様なとりくみが同時に行われていた。長らく活発だった子ども会活動は１９７０年代前半で終結したが、いくつもの新たな挑戦が教育・文化活動の分野で探求されていたのである。荒れている学校を変えるために、生徒たち１人ひとりに必死で向き合おうという人間集団の努力が追求され続けていた。もちろんそれは部落解放運動とも深く関わっている。部落解放運動から生み出された人材がこうした教育・文化運動を中心的に担い、いかに学力を育むのかという課題にも部落解放運動を担う人びとが必死に向き合っていた。

地域の象徴でもある福島生協病院を支えてきたのも、まさに人間的な力であった。診療所所長・病院初代院長の中本康雄は誠実を絵に描いた医師として住民から深く敬愛され、長らく広島市議会議員としても活躍した。２代院長の田阪正利も地域の困難に必死で向き合い、被爆者医療なども含めて病院の基本的な理念を定着させた。３代院長の齋藤紀（おさむ）は、被爆者医療の専門家として全国にその名を轟かせ、この病院の先進性をさらに高めた。

もちろん歴代の院長だけではなく、医療機関を支える全役職員の奮闘、そして組合員が主人公である生協運動の展開によって発展してきたのがこの病院である。その中には子ども会活動の中で育ってきたこの町の出身者も数多く存在している。この病院と前記した教育・文化運動、高齢者福祉の活動などさまざまな分野の運動が有機的に連携してこの地域の水準を高めてきたのである。その原点が戦前・戦後を通じて部落としての苦難をくぐり抜けてきた人たちの経験と思いであったことはいうまでもない。

１９８５年に誕生した私設図書館「ふくしま文庫」も、まさに地域が生み出した財産である。生協と部落解放運動の存在がなければ、パチンコ店開店阻止を義務づけられた緊急事態の中での短期間での図書館誕生はありえなかった。同時に地域の有力者たちも支援を惜しまなかった。

狭義の図書館活動だけではなく、地域の生活＝教育・文化の掘り起こしとその確立のための創造活動を行うという問題意識が当初の構想であったという。部落解放めざして子どもたちも大人たちも参加できる文化の拠点をつくるという願いが前面に出ていた。こうして誕生したふくしま文庫も今や32年の歴史を持つ。子どもたちの本との出会いを育む場としての重要性は変わらない。だが部落解放という問題意識はもう必要なくなっている。その意味でも部落問題解決過程としてのこの32年間の意味は重いのである。

はるか以前から、衛生環境や医療水準や住宅事情について周辺他町との著しい格差は消え去っている。同和地区であった時期に混住化がさらに進み、かつてのような部落として捉えることは名実ともに時代遅れである。もちろん高齢化や生活保護世帯の比率の高さなどの問題は存在しているが、平たく言えば都市部の団地が抱えている困難と共通しているといえよう。

四　人間の力で難局を乗り越えてきた

地域をより良く変えてきた人たちは多士済々である。戦前派は水平運動で重要な役割を果たした人びとが多い。木原清春は戦前と戦後を知るキーパースンである。救援活動に参加して18歳で治安維持法違反にて検挙され、その後は地域に根ざした活動を続けた。軍隊生活とシベリア抑留を経て帰国すると、経理能力を買われて地域の食肉店の番頭を務めた。町の要となる産業で重要な位置を占めたことは、地域での影響力を高めることになった。山本宣治を尊敬。生協設立の中心を担い、あらゆる運動に統一戦線の立場で献身した。

木原は戦後派の若者たちを育てた。まずは自分たちで町をきれいにしようと町内の清掃を始め、迷路が続く密集した家並みゆえに各戸の表札作りに当たたった。これらの活動に参加したのは昭和初期に生まれたまだ20歳前後の若者たち。藤川春雄や中西ハルエ(旧姓・岩井)らもその中心である。藤川は個性が強く言葉は激しいが、柔和な笑顔を持っていた。ユニークな活動家として多くの後輩たちを育て、終生を部落解放運動のために献身した。中西は子ども会活動のリーダーを務めて、中西義雄(後の全解連書記長)との結婚で大阪に転居したが、夫の逝去後30年ぶりに広島に帰ってふくしま文庫の活動を続けた。

木原と同じく戦前・戦後をともに知る1人として、部落解放運動とは異なる流れの中にいるのがキリスト者の益田小蝝(こえん)である。隣保館の保母になるために高知から赴任した。2年後に産婆に転身。地域の乳幼児死亡率は突出して高かったからである。以後貧しき民に献身しながら、地域内外で1万人近くの赤ん坊を取りあげた。被爆で重傷を負い、ガンとも闘いながらの奮闘であった。メアリー・ジョーンズ宣教師らが1957年に設立した広島キリスト教社会館にも深く関わっている。なお益田与一・小蝝夫妻は木原とも親しく、小蝝は福島診療所設立のために奔走した1人である。

人間を重視して歴史をたどることは難しい。敢えて図式的に表現するならば、木原・藤川らの部落解放運動の流れが地域の担い手として重要であるが、益田夫妻のような存在、そして地域の有力者たちの存在もともに重要である。福島町一致協会が戦後まで存在したこと、その系譜が生き続けてきたという視点も必要である。もちろんこれらの諸潮流は同質でなく、立場の違いは存在していた。だが地域のために共同する関係を持ち得たことは否定できない。

また角度を変えてみれば、住民だけの力で地域を変えてきたわけではない。医師、医療従事者、教職員、行政関係者、市民運動家、宗教家、芸術家等々。この地域に真摯に関わり続けた人たちは枚挙に暇がない。どのような人間的資質がこの地域の運動を進めてきたのか。すぐれた指導者が存在したというだけでなく、運動としていかなるセンスを持ち続けてきたのか。部落解放運動に引きつけると、以下のようなことも見えてくる。

地域住民の実情をしっかりと把握する。その姿勢は、戦前の太田川改修工事の際に居住権擁護の住民運動が展開された時から一貫している。戦後の諸運動も住民の声に耳を傾け、地域で実態調査を踏まえて展開されていく。地域内外の専門家による支援、その人びととの協働も重要である。トラホーム治療は戦前から町外の土谷巌郎医師の尽力で進められた。木原兄弟(房雄・清春)は書道の名人で戦前から子どもたちに教えていた。金崎是も子ども会で絵を指導した。町内に適任者が不在ならば、子ども会は外から優れた先生を招いてきた。

また子ども会のみならずあらゆる運動の現場において、人を育てることを大切にしてきた。池田實次郎は小学校卒の学歴だが、活動の中で読み書きの能力を高めて解放運動の専従として活躍した。

地域内外の有力者との協同も大切であった。木原も藤川も、正月には若者世代を引き連れて市内の有力者への挨拶回りを忘れなかった。この地域の運動が全市的にしっかりと認知されていくために最大限の努力をした。部落解放同盟青年行動隊のように、自己犠牲で活動を担っていく群像もきらめいていた。人間の力なくして、部落解放運動の前進はありえなかったのである。

もちろん地域での試みが常に順風満帆であったはずがない。幾多の困難が存在していた。戦後の分岐点等について、以下のように素描することも可能である。

①１９５４年の太田川闘争、１９５５年の福島診療所誕生は地域が変わっていく画期だった。だが「わかくさ子ども会」が活動を停止した１９５８年も重要な分岐点である。木原は諸活動に忙殺され子ども会から退き、長年先生を務めた中西は結婚して大阪へ転居。活動上の困難も続いたので子ども会活動が終結しても不思議はなかった。だが若者たちは地区内を巡回するどんぐり座を始め、「どんぐり子ども会」として活動は継続された。

②１９６４年の水害闘争での藤川(病院専務)の逮捕という弾圧事件も分岐点である。運動が孤立する恐れもあった。だがこれをバネにして、青年行動隊や病院職員らの奮闘で地域を変える運動が高揚。１９６７年に中本市議会議員を誕生させた選挙戦は地域の祝祭でもあった。

③１９６９年に公営住宅で独居老人の死が発見された。衝撃を受けた部落解放同盟と福島病院が直ちに老人実態調査に着手。高齢者施設「くすの木苑」を１９８２年に生み出す源流となった。まさに困難から新たな可能性が切り開かれていった。

④教育現場では、１９５８年に福島地区４個所と在日韓国・朝鮮人の集住地域に地区会が設定され、教師と保護者との連携が強まる画期となった。１９６０年代末には、同和奨学金の増額で高校進学率が劇的に上

昇。観音中学校では35人学級も実現され始める。ただ高校進学率が上昇しても、中途退学者続出などの困難は続く。地域では教育集会所での子育て活動や、住民自らによる手作りの子育て活動も生み出されていく。ただ非行や校内暴力、生徒たちの荒れは後年まで続くなかで、教師たちの努力は休みなく続けられた。

⑤福島生協病院の１９７０年代以降は、経営危機克服も緊急課題となる。経営改善に向けての機敏な対応、広範な組合員が病院を支え、生協の組合員活動を発展させ、市内の広域に存在感を持つ病院になることが至上命題である。この主題については生協史が詳しい。

⑥宗教者の存在も欠かせない。福島町一致協会との妙蓮寺の関わりも重要だ。この町で１２７年が経つこの寺で、現世で差別に苦しむ人たちが来世に希望を託すのは自然だった。一方、近代以降のキリスト者の広島での足跡は、奇しくも妙蓮寺と同年に始まる。町内には１９１８年に愛光園が誕生し、戦時中まで宣教師が滞在していた。その歴史を受けとめて、１９５７年に広島キリスト教社会館を誕生せしめたのが、メアリー・ジョーンズであった。原爆の衝撃で広島に短期間宣教師として赴任したジョーンズは、益田小蜍との出会いで部落問題の存在を知る。益田のためにも乳幼児の保育所を誕生させたいと決意した。この２人が共通の姿勢を持っていたことを和田和江が証言している。伝道を前面に出さない。報いを望まず献身し続けることでいずれは周りの人も理解してくれると。

同和対策事業特別措置法施行後、広島市の同和対策事業実績は１９７０〜１９８６年度の事業実績総額で２２０億３３００万円に達する(福島地区ともう一つの地区が主な対象)。同法施行以前も１９８７年度以降も事業は存在していた。ただこの地域の町づくりは、全国的な同和対策事業に依存したものとはいえない。住民の手弁当による地域づくりが、戦前から蓄積されてきた。最も印象的なのは、戦後も幾多の前進に酔いしれることなく運動を前進させてきたことである。困難な現実に向き合い、部落問題解決に向けた意欲の強さは並々ならぬものであった。

現在は高齢化と地域の変貌の中で、住民の実情をつかむことが困難になってきた。でも地域の未来を見据える多くの人たちが存在している。町と自らの来し方をふりかえり、町の象徴でもあったクスノキ(被爆樹)の思い出を聞きとるなど、今も多様な活動が続けられている。

戦後72年、部落差別が日本社会に微塵も存在せず、史実の世界にだけ残っているとはいえない。だが人びとの燃えるような思いの中で、住宅や衛生をはじめとした差別的な環境、周辺住民からの差別感の源ともなる現実を変革するという町づくりがこの地でも育まれてきた。住民が先頭に立ったその試みは成功した。ある時は心ない差別に苦しむことがあった。ある時はきびしい闘いにくじけそうになることもあった。だが「忘れちゃいけん。あの思いを」と励ましあいながら、日々を歩んできた人たちが歴史を前進させてきた主人公である。小さな町で人間の苦しみや悲しみに出会い、多くの傷ついた人に向き合ってきた人たちの足跡が、日本の歴史の片隅に刻み込まれている。

本稿は拙著『原爆にも部落差別にも負けなかった人びと―広島・小さな町の戦後史』(かもがわ出版、2016年)の内容を圧縮している。詳しくは拙著を参照していただきたい。なお拙著は福島地区住民による以下の3冊に多くを教えられている。広島県部落解放運動史刊行会編『広島県水平運動の人びと』(1973年)、ふくしま文庫編『地域民主主義を問いつづけて―水平社70年と広島のたたかい』(1992年)、田阪正利編『部落問題と原爆の町―ふくしま百年のあゆみ』(2000年)。いずれも部落問題研究所刊である。

第四章　滋賀県・日野町における部落問題の解決過程

東川　嘉一

はじめに

日野町豊田地区では、同和対策事業の終結宣言をして25年、全国部落解放運動連合会（全解連）豊田支部を解散して14年、日野文化会館（隣保館）を閉館して9年が経過している。この間、部落解放運動を指導してきた人たちは、今では亡くなり、聞き取ることもできなくなっている。そこで私の体験から、これまでの豊田地区の解決過程を振り返ってみた。

子どもの頃の暮らしについては、私が10歳のとき、１９６１年に同志社大学文学部社会学科の先生と学生たちによる実態調査の報告書『豊田地区における暮らしと福祉』が残されている。それを参照したい。また「同特法」（「同和対策事業特別措置法」）以降については、部落問題研究所から『部落問題はいま』、『日野町からのレポート』、『日野町同和事業史』、それに『部落』や『人権と部落問題』に掲載されたレポートなど、豊田地区に関する多くの文献があり、それらを参考にしながら、当時の記憶を辿ろうと思っている。

一　子どもの頃の村の実態

むらの生活

豊田地区は丘陵地帯で斜面にへばりつくように家々が建てられていた。比較的条件の良い谷あいや平野部でも大雨や台風にでもなれば、床下浸水の恐れがあった。私の家は県道から20メートルほど上がった急斜面に建てられていた。茅葺きで四畳半が2間、三畳が2間、それに土間と台所である。家まではリヤカーがやっと通れる坂道で、秋の米の収穫期には籾米（もみまい）を家まで持ち上げて隣の畑で天日干しをし、それをまた下ろして籾摺（もみす）りをするのだが、その作業が大変な重労働だった。

飲み水の井戸は県道からの上り口にあり、小学校の頃は学校から帰ると井戸から水を汲み上げ、それを家まで運び水槽を一杯にしておくのが子どもの日課であった。この作業から解放されるのは、私が中学校2年生のときで簡易水道が敷設された1964年の時である。水道の敷設は住民の願いであった。蛇口から水が出た時、むらの人たちは歓喜に沸いた。だから水で苦労した昔の人は、今でも水の大切さを知っており無駄な使い方はしない。

燃料の薪や柴を採集するのも大変であった。豊田地区は山で囲まれているが、ほとんどが隣の中山領だ。事実かどうかは定かでないが、古老の話によると、江戸時代、口中山村と呼ばれていた時には里山の入会権があったが、明治の分村独立運動（本村から独立すること）のとき、それを放棄する条件で分村が認められたという話を聞いたことがある。その事実はさて置き、江戸末期、天保2年（1831）にはわずか30戸だったむらが、１３０年後の１９６１年には、11倍の３３４世帯に増えていたのである。燃料不足が深刻になるのも必然であった。父は田んぼの周囲を下刈りした雑木をリヤカー―に積んで帰る途中、警察に尋問され署への出頭を命じられた。そして、警察署で「二度としません」という調書を取られた、という話を母から聞いたことがある。山間の田んぼで日当たりが悪いため、周囲を下刈りする必要があった。その雑木で警察に出頭しなくてはならないのは「豊田やから」と母は憤慨していた。「豊田やから」というのは、「部落だから差別している」と言いたかったのだ。豊田地区ではそうした事件は頻繁に起きていた。だから窃盗犯で検挙される人もしばしばあったと聞いている。

燃料を求めて私と姉は、よく日野川へ出かけ、流れてきた亜炭(あたん)を拾いに行った記憶がある。亜炭は効率の良い燃料だった。こうした燃料問題は私が10歳のとき、１９６１年にはむらの９割がプロパンガスを導入しており、ほぼ解決していた。

むらの仕事

私の家は一応農家だ。一応というのは、家の前に田園が広がり、農業で生活できるような農家ではなかったからだ。田んぼへは隣の中山村を越え、その奥にある山の谷間まで行かなくてはならなかった。家から３キロメートル以上も離れた「やまだ」と呼ばれるところだ。元々小作だった農地を戦後の農地改革で自作農になったところである。だから条件が悪いのは当然だ。耕作面積は６反で棚田である。棚田といえば聞こえはいいが湿田で高低があり、それに日陰で収穫量はさほどなかった。

農閑期の父の仕事は日雇いの土方だった。若い頃は靴の職人として名古屋に出稼ぎに行っていたが、その手作りの靴も機械化で大量生産が可能になり、職人の必要がなくなったのだろう。

豊田地区の人たちは田畑が少ないため雑業に従事する人が多く、その仕事は実に多様だった。例えば「くず買い」という廃品回収業がある。家々を回り金属類を譲り受け、それを在所にある金属くず商に持っていくのである。今のリサイクル業の前身だ。次に「竹刈り」の仕事だ。伐るのはメダケ（女竹）である。メダケは材がやわらかくねばり強いので、酢酸などを入れる一斗瓶を巻く篭（かご）などに利用されていた。また「フシ採り」という仕事もあった。漆の木でウルシを採取する雄木ではなく雌木の方である。雌木には7～8センチで中が空洞の実がなる。それを採取するのである。その実は染料として使用され、高価で取引されていた。私の父も時間の合間を縫っては、深い山に分け入りその「フシ」を採りに行っていた。一方、女性は専ら「鹿の子絞り」の内職で現金収入を得ていた。内職にしては、結構、実入りの良い仕事だった。小学校も高学年になると母親から「鹿の子絞り」を習い、中学生になれば一人前で家計を助けていた。

また、むらの中には「宵越しの金は持たぬ」という雰囲気があり、浪費型の人も多くみられた。だから、むらには食料品店兼雑貨店が3軒、菓子屋が2軒、酒屋が2軒あり、繁盛していた。とりわけ共同浴場前の食料品店は、風呂あがりの買い物客で盛況だった。それ以外にも豆腐屋が1軒、床屋が1軒、開業医が1軒あり、むらの中で十分生活ができた。

中学生の進路

中学生の進路については、高度経済成長期でもあり、多くの中学生が県外の企業に就職していった。1961年の調査によると、男子は名古屋、京都方面の鉄工所、女子は岐阜、名古屋方面の繊維関係である。地

豊田地区
中学卒業生進学者数

卒業年度	進学者数
1945（昭20）	4
1946（昭21）	0
1947（昭22）	3
1948（昭23）	2
1949（昭24）	1
1950（昭25）	3
1951（昭26）	0
1952（昭27）	1
1953（昭28）	0
1954（昭29）	2
1955（昭30）	2
1956（昭31）	0
1957（昭32）	1
1958（昭33）	0
1959（昭34）	3
1960（昭35）	2
1961（昭36）	4
1962（昭37）	5
1963（昭38）	8
1964（昭39）	5

元の企業に就職したのは20人中１人だった。私の姉２人も岐阜の織物工場へ就職した。ただ、数年経つとむらへ戻ってくる人が多かった。そして、男は日雇いとして土方に従事し、女性は結婚した。親の中には差別を心配したのか、「辛抱して働け」と厳しく教えなかったので、子どもも気軽に帰ってきたのだろう。そういうことでは辛抱強さに欠けていたようだ。

高校の進学については、１９６５年度以降は「豊田地区生活実態調査」（１９９１年）で明らかにされている。しかし、それ以前については定かでない。豊田地区は貧困で地域や家庭の教育力も弱く進学する者は極めて少なかった。私のすぐ上の姉は先生から進学を進められていたが、父は「おなご(女子)が教養をつけると嫁のもらい手がなくなる」と言って認めなかった。そこで戦後、高校へ進学した人がどれだけいたのか聞き取りをした。その結果が別表である。３００世帯を超えながらも、戦後の１９４５年度から１９６０年度までの16年間では０～４名の進学者である。１９６３年度の８名は突出しているが、それでも21％だ。

二　部落解放運動と青年の覚醒

解放同盟支部の結成と青年会の再建

私が高校を卒業した1969年は、同特法が施行された年でもある。私は都会に憧れてむらを出ていくつもりであった。ところが私が高校2年生のとき、父が病で48歳の若さで他界したので、私は家族を養うために日野町農業共済組合で働くことになった。農業共済とは水稲や乳牛の共済、いわゆる保険のことである。

私やむらの青年たちにとって、この1969年は社会問題に目覚める契機となった年でもある。その一つは、部落解放同盟豊田支部（豊田支部）の結成である。橋元淑夫は、同年7月26日、27日の両日、兵庫県で開かれる部落解放第13回全国青年集会（全青）に参加するために、18歳から22歳の3人の青年を集めて支部準備会を開いた。同年7月23日にこの4名を中心に会員7名で青年支部を結成している。そして、全青には4名が参加した。

橋元は、八日市高校の差別問題研究会で部落問題に目覚め、京都のレントゲン技師の専門学校に通いながら、部落解放同盟滋賀県連の飯田富一書記長の門下生として部落解放運動の指導を受けていた。また支部結成時には県連青年部副部長に就いており、県連執行委員にも選出されていた。橋元について、もう一つ加えるならば、支部結成の3カ月前の4月に伊藤和次らとともに日野町部落問題研究会（日野部落研）を設立している。伊藤は日野西中学校教諭で、第2回支部大会から執行委員に就いていて、対町交渉にも参加していた。むらの人たちは、伊藤の気さくさから、はじめ伊藤を同じ部落の仲間だと思っていたようだ。伊藤は後に滋賀県同和教育研究会の事務局長に就いている。

二つめは、池元勇雄らによって、5月に豊田青年会が再建されたことである。池元は橋元より2歳年上だ。彼は集団就職により大阪で働いていたが、父が病気のために帰郷した。そして、隣町の旧水口町（みなくちちょう）の企業で働き、そこで労働組合を結成し、書記長として組合を指導していた。青年会と解放同盟の2つの組織について、池元は、「わしが青年会をつくるから、淑ちゃんは解放同盟をつくれ」という「密約」をしていたと言っていた。池元は、その後結婚し、民主的な青年運動の指導者として甲賀郡を中心に活動するが、1979年には日野町文化会館の職員として、地域を牽引していくことになる。池元の強みは、豊田地区の子どもからお年寄りまで約1400人の顔と名前が一致し、400世帯の親戚関係と経済状況を把握していたことである。

話を戻そう。支部結成から7カ月後、1970年2月15日には、第2回支部大会を開いている。結成のときは橋元宅の2階で開かれたが、2回目は文化会館で開いている。十数年前の1958年当時、豊田の青年たちが部落解放運動を起こそうとしたとき、むらの指導者たちの圧力によって潰された経緯を知っていた橋元は、豊田支部を公表することには慎重であった。しかし、池元をはじめ青年会のメンバーも加わり、会員も20名に増え、世帯会員もできたのでオープンにした。

民主的な青年運動と解放運動

1971年になると青年会でも部落解放運動でもない新しい運動が生まれる。高校生を中心とした民主的な青年運動だ。18歳から青年運動に参加していた私は、木元勝治とともに会員を増やすために思い切って高校生に声をかけた。すると、おもしろいことをやっていると、彼らの同級生や卒業間近い中学生にそのことが伝わり、次々と青年運動に加わってきたのだ。最初に入った川東昭男は、すでに日野高校で部落研の活動をしていた。川東は1971年、大津で開かれた全国高校生部落問題研究集会の特別報告「結婚差別を乗り越えて」で、池元勇雄の報告を聴いて衝撃を受けたという。その後、川東は滋賀県高校生部落問題研究会の事務局長に就き、卒業後は日野町役場に就職する。むらでは豊田支部の書記長や、豊田同和事業促進協議会(同促協)の事務局長として、事業完了記念祭や改良住宅の譲渡の取り組みにかかわるなど、若い世代で中心的な役割を果たすことになる。

先ほどの木元勝治だが、木元は伊藤和次が最も信頼する教え子で、地元の影響を受けていた人物である。全解連豊田支部へ移行後は、支部長に就くことになる。

ところで、青年運動も1年後には会員も数十名に膨れ上がり、会議をする場所の確保に苦労した。そこで青年会長をしていた私は、青年会活動という名目で文化会館を借りていたことを覚えている。このメンバーの中にはヤンチャな子が何人かいて親を困らせていた。その高校生が青年運動で目覚め、見違えるように変わっていったのである。そして、高校で部落研活動を始めたのである。親たちの中では青年運動が大きな話題になっていた。むらの子どもの中には高校生になれば青年運動に入るものだと思っていた、という話を聞いたことがある。それだけ期待されていたのだ。

ここで青年運動を取り上げたのは、その後、彼らは池元や橋元の影響を受け解放運動に加わり活動するからである。また、全解連支部への移行後は、支部役員として、コミュニティづくり事業や事業完了記念祭、改良住宅譲渡のとりくみ、それに文化会館の廃止で重要な役割を果たしていくことになる。

豊田支部の画期をつくった二つの出来事

１９７１年６月13日、第３回大会を迎えた豊田支部では会員も二十数名に増えていた。とはいえ会員全体の平均年齢は23歳、３役の平均年齢が24歳という若さであった。むらの指導者から見れば息子と同年齢の若造であり、指導力では未知数であった。

これを一変したのは同年に行われた対町交渉である。７月26日、台風23号が近畿地方を直撃し、豊田地区も大きな被害を受けた。むらの人たちは危険な地域から避難するために、一刻も早い住宅建設を望んでいた。しかし、行政当局は、差別の実態をなかなか認めようとしなかった。それに対して、日野町の１００分の１にも満たない面積の豊田地区に日野町全体の被害の50％が集中しているという日野部落研の調査を示し、この実態が差別でないというのなら「雨が差別をしたのか」と行政を追及し、早期に事業の着工を約束させたことである。このときの先鋒は橋元と伊藤だった。

２回目の対町交渉には１００名を超える住民が参加した。部落解放同盟を名乗る20代の若者たちが町行政の幹部と渡り合い、行政責任を追及しているのである。その姿を目の当たりにした大人たちは驚愕した。日頃からお上に対して何も言えない彼らにとって、それはこの上なく痛快な気分であったのだろう。そして、名実ともに豊田支部が市民権を得たときでもあった。

その後、再び大きな転機が訪れるのは、高岡光夫が支部長に選出された１９８０年４月20日の第９回大会後である。高岡は日野町消防団の団長を務めた知名度のある人物で、後の１９８６年には必佐（ひっさ）学区の区長会長も務めている。支部長になった高岡がまず提起したことは、同和対策事業の推進を担っている同促協の改革であった。豊田区の代理者（副区長）を経験していた高岡の提起は重かった。

そもそも同促協は会長が区長で、副会長を区代理者（副区長）と区会計が兼務するという形式的な組織で、事業の推進は専門部会である企画調整委員会が担っていた。しかし、この企画調整委員会は同促協会長に招集権があり、あまり会議も開かれず、事後承認的な組織になっていた。そのため長らく同和対策事業は町行政の担当者と区の役員だけで進められていた。その結果、土地や家屋の買収などでゆきづまり「ごね得」という風潮をもたらし、住民の間に不信感が出ていた。

高岡の提起を受けて、同促協と区行政は分離し、区役員は同促協の参与として加わることになった。ここで画期的だったのは、今後、同和対策事業を推進するにあたっては、区行政と同促協、そして部落解放同盟の3団体が必ず協議を行う「三者会議」が申し合わされたことである。遅きに失したが解放同盟結成11年目にして、やっと事業にかかわることになったのである。この時の副支部長は池元で、書記長が橋元、会計には私が就いていた。豊田支部では事業の問題点について検討を重ねた。そして、「三者会議」では部落解放の観点から同和対策事業について、5つの条件を提起した。

その条件とは、一つは、部落の真に解放に役立つ事業となること、二つめは、日野町の発展計画との関連で整合性を欠いた事業にならないこと、三つめは、地区内において平等に事業が実施され、地区住民間や複数の事業との間において整合性を欠いた事業にならないこと、四つめは、地区住民の生活意欲と自立意識の向上に寄与する事業であること、五つめは、近隣住民をはじめ日野町民に理解を得る事業であることである。

この提起に基づいて、問題となっていた西山造成などの事業を見直した。そして、事業も正常化していった。高岡は支部長を４年間務めた後、豊田区長を２年間務め、その後、同促協の会長として事業完了祭にかかわっていくことになる。

三　全解連運動と事業完了宣言の経過

全解連への移行と自立のむらづくり

地対法が失効する１９８７年は、私にとっても大きな転機となった。１９８６年、１９８７年と豊田区会計を担当し、１９８７年には日本通運を退職し、滋賀県同和問題研究所に転職した年でもあった。

１９８６年４月29日、豊田支部では第14回大会を開き、全国部落解放運動連合会（全解連）支部への移行を決定した。支部では全解連への移行と改組について、支部長名で「部落解放基本法についての学習会を積みかさね、執行委員会のなかで十分論議した結果」であるとして、関係機関に理解を求めている。また、困難と思われていた商工業者の税の窓口になっている「企連」（部落解放滋賀企業連合会）の会員については民主商工会を紹介した。それで、全解連への移行についてはあまり異論が出なかった。

移行後の全解連支部では、同和行政から自立し、一般対策の新しいまちづくりを模索していた。池元は滋賀県解放県民センターが助成している「コミニュティづくり事業」をそのキッカケにしたいと思っていた。時を同じくして橋元敏孝（役場の職員で後に収入役に就く）は、滋賀県の補助事業である「創意と工夫の郷づくり事業」に「四季を楽しむ郷づくり事業」として応募することを提案し、承認された。この２つの事業をまとめて、１９８９年４月30日、豊田地区コミニュティ推進委員会の設立総会が開かれた。会場になった文化会館のホールは、あふれんばかりの人で熱気に包まれた。この総会が同和対策によるむらづくりから、一般対策による新しいむらづくりへの転換点となった。

具体的には、住民自らが参加し、誇れるむらにするとりくみであった。例えば、将来の自治会5分割を睨んで、5つのブロック別対抗の運動会や地蔵堂と標語塔を自前で建設したことである。また宅地造成によって、地区内の緑が失われたことを憂い、日野川堤防沿いや地区内に桜、紅葉、サザンカなどを植樹したことである。

今では、桜が見事な花をつけ、地域の人たちの心を和ませている。また、その美しさに惹かれて他所から写真撮影に訪れる人も見られる。

同和対策事業終結宣言の経過

同和対策事業が終結したことを記念する式典については、滋賀県の旧安土町と大津市で、すでに行われていた。豊田地区では、何時、どのようにとりくむのかが課題であった。全解連支部は1990年5月26日の第17回大会で「事業完了宣言」を行うことを決議していた。また、同促協も1990年6月16日の総会で「同和地区返上を行う」ことを決定していた。さらに豊田区では、区長の橋本秀史は解放運動の経験はなかったが、橋元と池元とのパイプがあり協力的だった。橋本秀史はむらの中で食料品店を経営しており、後に豊田地域運営委員会（同促協から移行後の組織）の委員長として改良住宅の譲渡で奮闘することになる。これで役者は出そろった。あとは実行だけだ。そして、1991年11月23日と24日の両日、同和対策事業完了記念祭を挙行した。

この完了記念祭は、我々の予想を超えた反響で驚いた。その一つは、「これ以上やみくもに特別な同和対策を続けることは、かえって区民の自立を妨げ、部落問題解決に逆効果をもたらし、ひいては町民のみなさまの信頼を裏切ることになる」という「町民へのアピール」だった。二つめは、当時の森田忠蔵町長が感激してくれた豊田住民からの感謝状の贈呈である。町長が「うちの家宝にしたい」と言ってくれたことで、町長との距離が一気に縮まった。あの時の感謝状のおかげで、その後の改良住宅の譲渡が成就できたと思っている。この発案は地元だ。いつも奇抜な提案をしてくる。完了祭の詳細については、既に『日野町からのレポート』で報告されているのでここで詳細は割愛する。

ちなみに、この完了祭の実働部隊となる庶務や会場準備などは、すべて全解連支部のメンバーが責任を持った。また事務局の中で全体の進行・司会の責任者には橋元と川東が、庶務の責任者には池元が、会計の責任者は私が担当した。また、私は滋賀県同和問題研究所に勤めていたので、パンフレット『明日に向かって』や「町民へのアピール」、「自由・人権・平和」の碑の裏に刻む文面などを担当した。

困難を乗り越えて改良住宅譲渡を実現

池元は完了祭が終わりホッとする間もないまま、次のカードを切ってきた。改良住宅の持ち家化である。大津市が全国ではじめて持ち家化を実現したので「それなら豊田でもできる」と確信したからだ。払い下げ運動の主体は改良住宅入居者組合である。それを豊田地域の5つの自治会と豊田地域運営委員会、それに全解連支部が支援するという形だ。そして持ち家化にとりくんだ。しかし、譲渡資金をすぐに準備できる人は多くはなかった。そこで親きょうだいや親戚に資金を都合してもらったり、子どもが住んでいる関東まで出掛け頼んだ。それでも都合がつかない場合はローンを組んでもらい、運営委員が保証人となった。

橋本秀史は、後に「6割まではスーッとゆき、8割まではボチボチで、あと2割が大変だった」と感想を述べている。二人三脚できた橋本秀史と池元は、なかなか思うように進まないなかで「払い下げができなかったら、この在所にはいられんなぁ。そのときは2人とも夜逃げやなぁ」と笑いながら、冗談まじりに話し合っていたという。それだけ追い詰められていたのだ。そして、その困難を乗り越えて、1994年3月25日、改良住宅の「持ち家」が実現した。

文化会館の廃止

文化会館の廃止は、住民の願いであったし、同和行政の総仕上げでもあった。しかし、文化会館に勤めていた池元が長年の心労がたたったのか、2005年7月17日に急逝した。58歳である。我々にとっては青天の霹靂であった。同年に町行政から文化会館の廃止の提案を受けたが、肝心の池元がいない。5つの区の自治会の協議体である豊田地区自治会運営協議会（豊田連協）では、会館を廃止するという総論には賛成だが、廃止にともない人権センターを建てるか、建てないかという各論で意見が対立し、合意には至らなかった。

しかし、翌年、部落解放運動や青年運動を経験した人たちが各自治会の役員に就いた。彼らは廃館の必要性とその経過を知っていた。そこで各自治会で住民集会を開き理解を求めた。そして、急転直下で解決にむかった。2007年1月24日、日野町と豊田連協との間で文化会館廃止の確認書が交わされた。そして同年3月11日、44年7カ月の歴史に幕を閉じた。

おわりに

解決過程を書き終えて感じたのは、豊田における部落解放運動には、勤評闘争のような共闘もないし、「解同」とのたたかいもなかった。１９８６年に「部落解放基本法」をめぐって部落解放同盟滋賀県連合会が分裂するが、むらの中にはあまり影響はなかった。豊田での部落解放運動は、どちらかといえば良心的な保守の人たちと革新的な若者たちとの間での緩やかな団結を保ちながら共闘してきたといえる。

豊田支部を結成したとき、融和事業でもある輯睦会（しゅうぼくかい）の流れを汲む人たちは、解放運動を名乗る青年たちがむらを混乱させるのではないかと恐れた。しかし、決してそうした運動でないことを知ってからは、よき理解者となった。また事業完了祭や改良住宅譲渡などは、輯睦会指導者の末裔である保守の人たちとの協力によるものであった。

豊田の部落解放運動はこの保守との信頼関係で成り立ってきたと言える。また同和対策事業で利権に走る人はいなかった。それは文化会館の館長で、１９６６年から豊田の同和事業に関わってきた木元清太郎や、小学校の教師で、むらのために献身的に尽くし、後に小学校長や文化会館の館長を務めた織田進などの存在があったからである。そうした人物を紹介したかったが、高齢になったり亡くなるなど、聞き取ることも難しいので割愛した。ご容赦願いたい。

第五章　和歌山県・白浜町における部落問題の解決過程

榎本　清司

はじめに

私は、２０１４年3月に高校を定年退職した。白浜町の「同和行政の終結に向けた町民集会」が、１９９6年11月に開催されてから20年が経過する。部落問題解決に向けた運動に関わったのは、１９７８年に大学を卒業して地元に帰り、２００３年の「和歌山県部落解放運動連合会」が組織解散した50歳頃までである。

白浜町は、２００６年に日置川町と町村合併した。これについては、木下延秀氏が「町村合併以後の同和問題」（『人権と部落問題』２０１１年2月号）と題して報告しているので、ここでは、平間地区の取り組みの経過と今日の地区の状況に触れることにしたい。

一　周辺地域住民の理解と合意

白浜町平間の部落解放運動が、部落問題解決の目的に向かって活発な活動を展開するきっかけになったのは、「北小問題」である。１９６９年７月、白浜町立北富田小学校の一教諭が、和歌山県西牟婁地方同和教育研究集会の第1回総会に出席するために出張願いを出したところ、校長から「子どもの教育に直接関係ない」との理由で一方的に年休扱いされたことから起こった問題である。

このことが町内の教職員組合に報告され、教職員組合は「教師の権利侵害と同時に部落解放を願う同和教育の発展を阻害する。校長の措置、発言は差別である。」ことを確認した。同時に部落解放同盟白浜支部（後に、全国部落解放運動連合会に加盟）に共闘の申し入れがあり、８月に農民組合、日本共産党などの７つの民主勢力を結集して、「北小問題」共闘会議が結成された。

２回にわたって共闘会議による確認会が満願寺（１８８４年創設。幕末、菩提寺建立を発願した開祖「智海尼」の子、榎本兵五郎が私財を投げ打ち寺を建立。『満願寺物語―智海尼の生涯』部落問題研究所刊、１９９１年、参照）で開かれた。

同和対策審議会「答申」が明確に指摘した「部落差別は、単なる観念の亡霊ではなく、現実の社会に実在する。この問題に立脚しない限り同和問題の根本的解決はない。」という点の確認と町独自の同和教育方針の制定を要求した。また、町当局に対しては、７月10日に施行された「同和対策事業特別措置法」を具体化していく地域の要望19項目を提出した。この要望は、その後町の長期計画に組み入れられ、すべてが実現している。この当時の平間地区区長は榎本博次で、私の父である。区長在任は１９６８年から１９９２年退任するまでの23年間にわたる。

町教育委員会は白浜町独自の方針づくりに取りかかり、１９７２年４月に「白浜町同和教育方針」を制定した。方針は、白浜町の部落問題解決の方向を示す基礎となった。この方針の基礎資料となった地区の実態調査は、11日間毎晩地区に入って一軒一軒聞き取るという方法によって行われた。担当した人が次のように語っている。

「外から見た場合は、それほどでもなくても中に入ってみると、これが本当の部落の実態だなあということを痛感したのでした。その中で、ある一人の方が、平間は鉄条網で周囲を巡らされているのとおなじだ、ということを言われたのです。それは、通婚、結婚が平間と一般地区の間で、全く行われていないこと。白浜町内の他の地区から、平間の中へ結婚によって来たとか、あるいは婿養子に来たという人は、一人もいないのです。」

１９６９年から１９９４年までの間で結婚が46組あり、地区外との結婚は37組、８割になっている。そのうち、１９９０年から１９９４年までの10組はすべて地区外との結婚である。この20数年間で通婚が自由になり、差別がなくなってきている具体的な証拠といえる。私も、１９７９年に町内の他の地区の人と結婚した。部落問題に係わる障害はほとんどなかった。

同和問題を解決していく上で、「北小問題」での共同の運動や、この運動をきっかけに同和問題の解決を願う幅広い民主的な団体でつくられた「同和対策事業特別措置法具体化要求白浜共闘会議」の役割は大変大きかった。この共同と連帯を大切にする運動から生み出された基本的な考えは、近隣地域や住民の理解と合意を得ながら、平間地区だけが良くなるのではなく、周辺地域もともに良くなり発展させていくということである。この基本理念にもとづいて、同和対策事業が進められてきたのである。

二　地区発展の基盤となる事業

同和対策事業の第１号として着工したのが、下水排水路改修工事だった。それまでは、平間地区の家庭排水が下流地区の農業用水に流れ込み、下流地区との間で感情的なもつれがたびたび起こり、これがまた、偏見や予断に繋がっていた。この事業を下流住民の富田水利組合と平間の農民組合が共同して、町当局に要求し、用水路と家庭排水溝を分離した。下流住民の感情のもつれを解消することになるとともに、排水溝の整備はブロイラー工場の誘致にも大きな力となったのである。

共同と連帯の基本理念に基づいて、地区内外の社会的交流を進めていく役割を大きく果たすことになった事業として、「しらとり保育園」「しらさぎ橋」「町立体育館」などの建設をあげることができる。「将来の町を担う子どもが生まれた時から教育だ」と他町村の視察から学び、平間区長は近隣の地区に働きかけた。富田川の左岸地区に保育園の設置を求めて、「保育所建設促進委員会」（１９７２年）を結成した。保育所建設の陳情書署名などの運動によって、１９７４年に平間地区内に「しらとり保育園」が開設された。周辺地域の幼児教育に大きな役割を果たすことになった。

また、平間地区と隣接地を結ぶ「しらさぎ橋」の建設（１９８０年）がある。この事業も関係する近隣の地区に働きかけ、「しらさぎ橋架橋促進委員会」（１９７４年）を結成し、将来、産業道路・林業道路として、また災害などで国道が不通になった時、日置川地域の久木方面の代替路線に繋がるという架橋の意義を訴え運動を広げていった。実際、この橋の建設によって、周辺関係地域や交通網整備、産業開発で大きな効果がもたらされた。２０１６年、しらさぎ橋から国道４２号線と日置川地域を結ぶ県道白浜久木線の通行不可能区間を整備することが決定された。

地域として、自らの生活基盤の確立をどうするのかという取り組みの中から、「ブロイラー処理加工場」

（民間企業）の誘致が実現し、１９７０年6月に創業された。その後、「県農協ミート白浜工場」で処理加工する従業員の賃金や身分保障を高めるために、下請け工場として「紀南食鳥加工株式会社」が創設された。２つの会社には１００名前後の従業員がいるが、その内３分の２が地区外から来ており、仕事を通じての広い地域の人々との交流は、それまでの偏見をなくすとともに融合を進めていくことになっていく。

１９７２年の『朝日新聞』南紀版は、白浜町について「同特法に基づく長期計画で１９５４年度までに計画している事業の内、ほぼ60％を終わっている計算になる。県下では計画している事業の内、これまで15％しか終わっていないのにくらべて、格段の進み具合」だと紹介している。

１９８０年前後まで、地区内の道路整備事業や持ち家対策事業による住宅建設や公営住宅の建設などで、老朽不良住宅問題の解消など住環境の改善事業が進み、地区を取り巻く社会環境は大きく変化した。また、働く場の確保など産業就労対策の充実によって住民生活も安定をみせ、地区をより発展させていく基盤がうまれてくることになる。

三　教育・文化の向上をめざして

私は、１９７８年大学を卒業し、地元の障害児学校の教員に採用された。その頃、建設予定地が決まらず重大な行政課題になっていた「し尿処理場」の設置をめぐり、町政の混乱、住民の不和と対立、児童をまきこむ同盟休校にまでエスカレートしていた。１９８０年３月、このような混乱を長期間放置することは、決して町の発展につながらないとして、平間区は「し尿処理場」地区内設置の申し入れを受け、連日連夜にわたる協議が約1カ月重ねられた。私もこの時、受け入れの方向で高校生たちと対話を行ったことを思い出す。協議の結果、区民の総意で受け入れを決定した。

この時の要望書には、次のようなことが書かれている。「今日、解放運動と同和行政、同和教育の成果として、地区の環境が改善され、生活の安定もはかられ、地区内外の住民との交流が進展し、ようやく差別解消への展望が明るくなってきた。」「この種の施設が地区内に設置されると、芽生えつつある部落解放へのすう勢に逆行するという観点から、不安をいだく区民も少なくない。」「それよりもむしろ部落差別の解消にとって、住民の福祉と社会の発展に添う方向で、相互に信頼と協力を強め、交流を深めることが大切であることを話し合い、今回の決定をみるに至ったのである。」白浜町と富田川上流3カ町村の衛生施設組合の施設として、1982年10月に完成した。

白浜町では、同和対策事業による物的事業の面、もう1つは教育啓発・学習・実践といった面、この両面が、同和教育方針に基づいて、うまくかみ合って進められてきたといえる。運動と教育が、お互い連携し合いながら向上をはかっていったことが、大きな成果を生み出したのである。1972年「同和教育方針」制定後、同和教育読本『みんなでひらく道』第1集（1973年）、第2集（1975年）、第3集（1978年）の発行による教育啓発・学習の取り組みが展開されていった。また、1973年からはじまった第1回「社会同和教育地区懇談会」は、69会場で開催され、3戸に1人が出席したといわれている。その後毎年実施され、町民の同和問題解決に向けての取り組みと連動する形で平間地区の教育・文化の活動の課題に青年たちが立ち上がることになった。

四　夢にまで見た獅子舞

住民にとって、平間神社の祭典行事に獅子舞を舞うことは長年の願いだった。一般的に同和地区に神社が祀られているのは希（まれ）といわれている。１５９３年頃にはすでにこの地に小祠が祀られていたという石碑がある。１８７３年に村社として社格を与えられ、平間神社となった。しかし、祭典行事は、ひっそりとさびしいものであったという。古老の「毎年秋祭りの時期、隣の地域から笛や太鼓の祭囃子が聞こえてくる。なぜ、私の村には獅子舞がないのだろうか。」という思いは、住民共通の思いだったのである。

夢にまで見た獅子舞が青年の手で演じられたのは、１９７５年の秋祭り。この年、80歳位のお婆さんの家で獅子舞を舞ったとき、見つめている目の中に涙が溢れていたことを忘れることはできない。私は、記念すべき秋祭りに帰郷していた。

地区の住環境の改善、産業就労対策を進めていく運動の中で地区にとどまる青年が多くなり、青年たちの文化や教育に対する関心と住民の願いが結びつき獅子舞が誕生したといえる。これには、隣接する椿地区（椿温泉で有名）の人たちの協力がなければ実現できなかったのではないだろうか。また、親たちも手作りの御輿（みこし）を作り、子どもたちも祭りに参加する機会を得ることになった。

「子どもたちに夢を」を地域づくりの基本にしてきた青年たちの活動は、地区住民から信頼と期待を寄せられるようになる。

ところが、青年の活動や子ども会活動は広がりをみせていくが、住環境の改善が大きく進み、生活が安定してくる中で、住民の中には同和問題解決に向けた取り組みに以前ほど関心を寄せない人も出てきた。こうした住民の意識状況を少しでも変え、同和問題の解決を住民自身の責任で実現するための人づくり、住民の連帯感を再生するまちづくりをめざし、「平間文化祭」（第1回、１９８２年）を開催することになる。子どもからお年寄りまで地域の中で出番を作り出し、住民の新しい連帯を広げようと始まった。しかし、文化祭は地域で初めての取り組みでもあり、具体的なイメージがない中で住民の動きは弱く、結果的には行政（しらとり総合会館）の援助のもとで開催された。しらとり総合会館は、１９８１年に開館し、隣保館と児童館、教育集会所を統合した施設で、同和問題の解決が実現可能な明るい展望を、より確かに進めていく大きな役割を担っていた。

五　文化祭のとりくみの中で育った力

私が部落問題の解決に向けて、積極的に関わりだしたのは１９８０年頃になる。第１回文化祭の反省会でだされた教訓（「文化祭は自分たちの手でやらなければ意味がない」）をふまえて、２回目以降、資金づくりから始まり、準備などすべて若い世代を中心とする住民自身の自主的・主体的な運営で成功させることができた。１９９６年の「白浜町における同和行政の終結に向けての町民集会」と同時に開催された第15回「ありがとう　平間文化祭」で幕を閉じるまで続けられた。１９９１年の10周年を迎えた文化祭には、地区人口の６倍にあたる参加者１２００名を記録した。回を重ねることにより、周辺地域住民の共感と社会的交流が自然な形で拡がり、周辺地域のまちづくりにも影響を及ぼすようになっていく。

平間文化祭の取り組みを通して育ってきた青年たちを中心に、1984年「あたらしいまちづくりをすすめる会」（以下「すすめる会」）が誕生した。結成の目的として、（1）同和行政を必要としない町づくり、（2）社会参加・社会的交流を積極的に進めていこうとする人づくり、（3）安定した生活を確立する人づくり、などをあげている。自主・自立の精神、みんなのことを考える民主的な人づくり・町づくりをめざし、6つの活動を実践していくことになる。

①文化祭の開催、②班別懇談会の実施、③町を美しくする活動、④子育て運動、⑤情報紙「ざっくばらん」の月1回の発行、⑥交流活動、である。「すすめる会」は、地区の12の団体で構成されており、運営は青年を中心とした9人の世話人があたった。この会は、1996年の「白浜町における同和行政の終結に向けた町民集会」まで続けられた。

「すすめる会」の活動が地区で大きな役割を担うようになる中で、私にとって今も忘れることのない思い出になっているのは、構成劇の上演に向けた取り組みと発表である。同和対策事業が実施されて20年が経過し、事業を早期に終結させ特別法に頼らない方向を具体的に提起すべき重要な時期を迎えていた。そうした中で、部落問題研究所主催の「第38回全国部落問題夏期講座」が1989年8月、白浜町で開催された。全国から3300人が集まった集会で、平間のまちづくり運動の歴史を構成劇にした「白鳥よ　もっと高くとべ」（構成・演出　栗原省）を上演し、全国の参加者に国民融合への展望を示したことに対して、大きな感動と共感が寄せられた。この構成劇には、小学生26名、中学生12名、高校生4名、大人43名の総勢85名が出演し、平間始まって以来の地区総ぐるみの取り組みとなった。平間区の文化運動を軸としたあたらしいまちづくりの報告の場でもあった。

六　同和行政の終結に向けて

平間地区では、１９９１年に「法以後における平間区のあり方」を検討する委員会がつくられた。検討を重ねた結果、地区は特別対策を必要としない地域づくりの基礎ができあがったという共通認識を持つに至った。一方、行政においても、１９９４年「同和行政・同和教育の方向に関する具体化委員会」が作られ、検討の結果、１９９５年６月「同和行政の終結に向けての（案）」がまとめられた。この案について、地区の各種団体や住民懇談会などで論議が積み重ねられた。１９９６年４月の区民総会で同和行政を終結し、一般行政へ移行させるという基本的な方向が承認された。

平間地区住民の合意を受けて、平間区は町に町民の部落問題解決への理解と協力に対するお礼と21世紀に向けた町づくりの宣言の場として、町民集会の開催を要望した。それを受け、町では１９９６年７月、町内の機関・団体に呼びかけて「町民集会実行委員会」が結成された。「町民集会」を成功させるため、町内45会場で懇談会が開催され、「28年間にわたる同和行政の終結の時期に来ていること」が確認されるとともに、「町民集会開催の意義」などをまとめた同和教育読本『みんなでひらく道』（最終号）が全戸配付され、それをもとに町民とともに話し合いが行われた。

また、法以後における同和教育方針の見直しの検討も行われ、１９９７年に新たに「白浜町人権学習基本方針」が制定された。

１９９６年11月10日に「同和行政の終結に向けた町民集会」と「ありがとう　平間文化祭」を併せて開催

し、町内外に同和特別対策の終了の方向を明らかにした。部落問題解決への明るい展望と確信をもち、同和行政を終結させ一般行政への移行という歴史的時期を迎えることができたことは、ひとえに町民の理解と協力のもとで、民主的な取り組みを進めてきたからこそだと考える。

１９９８年には、県の同和教育子ども会市町村補助事業金を返上し、「同和教育子ども会」から「地域子どもクラブ」へ移行した。新しい子ども会への発展を受け、１９７７年に開設された「しらとり児童館」は、２０００年４月より、21世紀の時代を担う子どもたちの未来社会の実現と青少年育成の拠点としての「町立児童館」へ発展移行した。児童館では毎年11月に子ども祭を開催しているが、２０１５年で15回目になり、約１０００人が参加している。

七　平間地区のまちづくり

地区のまちづくりの中心は、区会（自治会）が担うことになる。私も区の役員として役割を担ってきた。１９７５年前後から青年たちが地域の文化・教育の向上をめざし、２０００年頃までの約25年間まちづくりに取り組んできた。また、地区では、部落問題解決にむけた運動団体である「和解連白浜支部」が活動してきた。一方、和歌山県における部落問題の解決は基本的に達成されたという到達点をふまえ、２００３年９月に「和歌山県部落解放運動連合会」は解散を決定した。同時に「和解連白浜支部」も解散した。１９５３年に「部落解放全国委員会白浜支部」が結成されてから５０年にわたる歴史的使命を果たし、運動に幕を閉じることになった。

２００３年、「し尿処理場」施設が20年の使用期間の契約が終了を迎えた。同じ年に再度、し尿処理施設の新施設の移転の申し入れがあり、平間区は再度協議し、約20年間にわたり無事故・無公害であったことを評価し、地区内の谷間の奥の区有地に受け入れを決定した。新施設は２００６年に完成し、使用期間20年間の協定を結んだ。受け入れ条件として、処理施設の万全な公害対策の実施と地区振興事業として地区内の環境整備の充実、また移転先の区有地を賃貸契約とすることなどを申し入れた。平間区から、「し尿処理場」施設建設に伴う地区振興事業計画書を提出し、地区環境整備・教育環境整備などについて、白浜町と協議していくようになる。毎年、平間区役員と班長及び地区の団体代表者と町長をはじめとする町当局との行政懇談会を開催し、意見交換を行っている。

２００８年4月、専用の施設を持っていなかった区民にとって、待望の会館が完成した。この会館は、各種団体の会議や老人会の定例会、区民の7割が参加する3世代交流の催しに利用されている。

また、１９７４年、平間区と周辺地区の要望で建設された「しらとり保育園」の老朽化と白浜町の就学前教育の基本方針である幼保一元化の一環として、しらとり保育園の土地を拡張し、幼稚園と保育園を統合した「とんだ幼児園」が２０１２年に完成した。定員は、保育園80名、幼稚園１０５名として開園され、現在園児数は１６２名である。幼稚園の拡張により、１９７２年に建設された築40年の老朽公営住宅を移転し、建て替えることになり、２００９年に新しい町営住宅が完成した。これによって、地区内の老朽公営住宅はすべて解消された。

１９９６年に開催された「同和行政終結に向けての町民集会」から20年が経つ。町民の人権意識も大きく変わってきている（人権問題の関心に関する調査で、１９９１年には同和問題をあげた人が35・９％、２０１

1年では4・4%に激減している)。

地区内では、さらに住環境の整備が進み、新たな幼児園の開設、児童館事業の活性化、小さな子どもからお年寄りまで、ゆっくりと楽しめる公園の完成などにより、地区は以前に増して開放されている。1969年当時の人口は200名、世帯数は58戸であったが、2016年現在、人口253名、世帯数96戸となっている。

公営住宅の占める割合が多いことによるものであるとはいえるが、小学生の子どもは27名おり、校区の小学校の全校児童73名に対して、約37%を平間地区の児童が占めている。幼年人口(0～14歳)48人で、総人口の19%の割合になる(1995年は35人、16%)。

ここは住みやすく、安心して生活できる環境が整っているからだと考える。地域に子どもが多いことは、まちづくりの活性化の希望となる。

第三部　「部落差別解消推進法」の批判

第六章　憲法からみた「部落差別解消推進法」の問題点

丹羽　徹

はじめに

２０１６年の通常国会の終盤に突然上程され、12月９日の参議院本会議で可決され成立した「部落差別解消推進法」（以下、本法という）が、なぜこの時期に唐突に提案されたのかについては、一般的な差別禁止法制の整備が進まない中、「ヘイトスピーチ規制法」が成立し、当面個別領域での対応で進めていくことを考えたのか、あるいは、同和行政の終結が宣言されて以降、なお部落差別が解消していないと言って、同和行政の復活を図りたいという意図を持っていたのが、この時期に浮上したのか、その理由は必ずしも定かではない。しかし、２０１４年から発展してきた「戦争法」に反対する野党共闘の分断を図るために政府・与党が仕掛けてきたのではないか、という見方も有力である。登場してきた背景については別途扱われるのでそちらをご覧いただきたい。

どのような意図のもとに登場してきたものであれ、成立した法律自体が法的な問題点をふくんでいるのであれば、それは批判されなければならない。本法は、憲法の視点からは、人権論としても、また立法論（立法手法）としても批判されるべき論点が存在する。本法の個別の問題点は多数に及ぶが、本章では憲法の視点に絞って、いくつかの批判を行ってみたい。

一　憲法14条の「平等」と「差別」

本法は、「部落差別解消推進法」という名称の通り、「部落差別」の解消を推進することを目的とした法律である。そこで憲法の視点で考える場合のキーワードとして、解消されるべき対象である「差別」を憲法がどのように考えているのか見ておこう。

憲法14条は、1項で「すべて国民は、法の下に平等であって、人種、信条、性別、社会的身分又は門地により政治的、経済的又は社会的関係において差別されない。」として、法の下の平等と差別の禁止を定め、2項で「華族その他の貴族の制度は、これを認めない。」といって身分制を前提とした貴族という特権を排除している（天皇制は、この例外であるが、そのことについてはここでは触れない）。

憲法の名宛人は国家（公権力）であるから、すべての国民が法の下に平等であるということは、一義的には国や地方公共団体が、国民を平等に扱うことを求めており、そのことを憲法は保障している。「法の下の平等」であるからといって、法律を平等に適用すればよいだけではなく、国会がつくる法律の内容も、すべての国民が平等に扱われるものでなければならないのは言うまでもない。したがって、まず本法がこれに合致しているのかを検証する必要がある。

ところで、憲法14条は法の下の平等を定めているが、なにをもって「平等」というのかについては、そう単純な話ではない。もちろん、14条では主語が「国民」となっており、「外国人」が含まれるかどうかということも問題となる（最高裁は、憲法が定める基本的人権は、権利の性質上、日本国民にのみ保障されるものを除いて、外国人にも適用されると判断している〈いわゆるマクリーン判決／最大判１９７８年10月４日〉）。日本人と外国人は同じなのか違うのか。日本人も外国人も同じ人間ではないのか。同じ人間なのだから同じに扱うべきであると言えそうだが、たとえば参政権の問題などは日本人と外国人は違うから、外国人に参政権を認める必要はないと言えなくもない。つまり、「平等」の前提として、「同じ」と「違う」ということの区別があり、それに応じた扱いをするというのが「平等」だと考えるのが適切であるように思われる。

そこで確認しておきたいのは、「平等とは、同じものを同じに扱い、違うものはその違いに応じて扱う」ということである。このことは、憲法13条の「すべて国民は、個人として尊重される」ことに表されており、同じ人間はいない、だからかけがえのない個人が大切にされなければならない。このことを前提にして「平等」が定められているのである。つまり差異があることを前提にして、その差異に応じて扱わないのであれば、そこには「差別」が存在することになる。

問題なのは、何を「同じ」と考え、何を「違う」ものとするのかにある。みんな同じでいいではないか、ということであれば「違い」は無視すればよい。これは形式的平等と呼ばれる。その結果がいかなる不平等を起こそうと、それは国や地方自治体の関心事ではないし、憲法のいう法の下の平等はそこまで求めていないことになる。

フランス革命の産物としてつくられた「フランス人権宣言」（１７８９年８月26日）は、「人は、自由、かつ、権利において平等なものとして生まれ、生存する。社会的差別は共同の利益に基づくものでなければ、設けられない」（1条）とフランス革命の理念でもあった自由と平等をここで明確にしている。しかし、ここで謳われた平等は、形式的平等であり、個々の人々の間にある「違い」を無視したものであった。その結果、形式的にはすべての人に人権があると宣言されたものの、実質的には社会・経済的弱者である労働者などは、市民社会のルールである私的自治の原則や契約自由の原則によって、自由の行使を妨げられていた。さらに、女性、子ども、障がい者などは人権享有主体とはされなかった。

その後の人類の自由獲得の努力の歴史の中で、形式的平等を修正し、「違ったものは、その違いに応じて扱う」という実質的平等を求めてきた。とりわけ、19世紀はじめのヨーロッパでは、資本家と労働者は形式的にはそれぞれ個人として人権を享受しているが、その結果として労働者は使用者に搾取され、実質的には自由を享受できない状況に置かれていた。そこで労働者は、自らの自由行使の権利を獲得するために、様々な努力をして、労働者という人一般とは異なる（違う）属性を持ったものを、その違いに応じて扱うことを国家に求め、やがて20世紀に入ると団結権、団体交渉権、団体行動権などを法律により、さらに憲法により獲得してきた。

他方で、市民社会の形成は、封建制からの脱却であり、形式的にはすべての人の平等と特権の廃止を実現するものでもあった。つまり、形式的に平等に扱うべきものと、実質的に平等を確保すべきものとの並存を前提に、現在の「平等」あるいは「差別」は考えられなければならない。

二　異なる扱いをすべき「違い」とは

考慮すべき「違い」があるにもかかわらず、それを無視すれば形式的には平等かもしれないが、実質的には不平等になることを確認した。それでは、何を「違い」とすべきか。つまり、違う扱いをすることが平等の実現となる「違い」とは何なのか。

たとえば、黒人と白人は違うのか、同じなのか。人間という意味では同じである。だから、区別すべきではない。その意味では、形式的平等であることが求められる。しかし、現実には、「黒人差別」があったし、今も解消されているわけではない。アメリカでは、黒人差別の解消のために、様々な闘争があったが、制度的な差別解消策として、教育の場ではいくつかの制度が設けられたりした。黒人が多く居住する地域の学校と、白人が多く居住する地域の学校との間で、子どもたちの半数を相互の学校に入学させることが行われたし、あるいは、大学入試で黒人枠を設けて、黒人の合格者を一定数確保することを行った。これは、黒人と白人との間で経済的格差があり、そのために、両者の間での教育環境が異なることから、結果として白人に有利な状況が固定化することを避けるためであった。

また、男性と女性とは違うのか、同じなのか。これもまた人間という意味では同じである。だから、形式的平等であればよい。しかし、ここでもまた、女性差別は現にあったし、現在でも解消されたとは言えない状況にある。女性の賃金差別、昇格差別は各地で争われているし、男女の役割分業論はなお一定の影響力を持つ。男は社会に出て、女性は家庭を守る。あるいは、女性の方が能力が劣っているなどという、全く根拠のない意識はなくなっていないように思われる。かつては、それを支える制度として、中学校、高等学校での家庭科の男女別修制（高校ではそもそも男子に家庭科はなかったが）などがあったが、１９８５年の女子差別撤廃条約の締結を契機として、家庭科は男女共修となった。また、同時期に男女雇用機会均等法がつくられるなど、女性も社会で働く機会を男性と同様に確保される法制度が整備されていった。ここでは、女性が総体として社会的に低い地位にとどめられている実態に対して、国が関与することを通して、女性の地位向上、男女間にある現実の差別の解消を図ろうとしたものということができる。

これらの例は、本来同じであるべきものの間で、社会的実体として、違った扱いを受け、その結果として、不平等な（差別を受けた）状態に置かれていた側に、一定の優遇措置を講ずることによって、あるいは国や自治体の積極的関与（場合によっては強制力をもって）によって現実の不平等の解消を目指したものといえる。

このように、社会的実体に照らして、「違い」に応じて扱う「差別的」取り扱いがあるが、それは、合理的差別と呼ばれたりする。もっとも、「差別」という言葉自体に否定的響きがあるため、合理的「区別」ともいわれる（たとえば、浦部法穂『憲法学教室』日本評論社など）。右に見た黒人差別、女性差別などがそれにあたる。また、それらの差別解消策としての優遇措置を積極的差別是正策（ポジティブ・アクション、アファーマティブ・アクション）などと言ったりする。これらの措置は、平等原則に適合的なものと考えられている。

さて、ここで合理的差別とされるものに「部落差別」はふくまれるのだろうか。かつて、いわゆる同和行政が目指したのは、その差別の解消のための住環境等の整備であり、それはすでに目的を達して終結している（このことは後述する）。仮に、この合理的差別にふくまれるとして、「部落差別」と「黒人差別」「女性差別」あるいは「民族差別」とは同じように考えるべきなのか、あるいは異なるのか。

次のような主張は差別をなくすことに有効なものとなるだろうか。「女性差別があるのだから、人間の中で『女性』をなくしてしまえ。」あるいは、「男性と女性とを分けるから女性差別がある、だから区別をなくせば女性差別はなくなる。」「黒人差別についても、そもそも黒人という存在をなくしてしまえば黒人差別はなくなる。」あるいは、「民族差別をなくすためには、差別されている民族をなくしてしまえ。」

このような主張は、だれからも支持は得られないであろう。女性と男性が区別されつつ並存している状態が当たり前であり、女性がいなくなれば人間社会はそもそも存在しえない。黒人や差別されている民族をなくすということであれば、民族浄化やホロコーストを正当化することにもなる。黒人あるいは「ある民族」が現にあり、それらも並存していることが現実の社会の中で承認され、共存していかなければならない。つまり、これらの差別の解消には、その差別されているカテゴリーに属する人との共存が前提となっている。その属性を維持したままの不合理な差別を許さない、ということが平等の実現である。

しかし、「部落差別」はどうだろう。差別される「部落」がそのまま存続し続けることが求められているのだろうか。そうではなく、そもそも「部落」という制度そのものが解消されるべきものではないか。属性そのものが否定されることによって、必然的に差別が解消されるものである。だからこそ、これまでの同和行政は時限立法で、「部落」そのものの解消を目指してきたのではないか。重要なのは差別されてきた「部落」をなくすことである。これは、同和行政によっておおむね解消されてきた（後述の四①）。しかし、解消後も引き続き特別施策を講じることは、結果として特権を付与することとなり、平等原則に反することにならないか。それどころか「部落」を存続させることになるような本法が必要なのかはやはり疑問が残る。

三　国・自治体に求められるもの

さて、次に、仮に現実に差別的な状況があるとして、国や地方公共団体はそれらにすべて対応しなければならないであろうか。確かに、「深刻な差別」が存在し、そのことによって差別されている人の尊厳が侵されている場合に、国や自治体はその差別を解消するための施策を講じることが正義にかなう。その際にも、差別されている人々の「属性」を特定し、その「属性」に含まれない人々との間に、放置できないほどの明らかな不利益が発生している場合に限り、異なった扱いをすることが憲法の要請である。

「属性」を理由とする異なった扱いが許されるのは、民族など一定の集合体に属する人々が層として「深刻な差別」を受けている場合に限られることは言うまでもない。また、国や地方自治体が関与できるのは、あくまで社会・経済的差別の解消に限られるのであって、たとえば個々人の意識（内心）のレベルへの介入は許されない。

したがって、ある個人が差別されている状況があったとしても、それが個人レベルである場合には、属性を理由とする特別な扱いをすべきではなく、一般的な関与ができるに過ぎない。例えば、生活困窮者であれば、生活保護法を同様の条件で適用すればいいし、その他の経済的あるいは社会的（住環境など）条件の改善も同様である。これは、同和行政終結後に発生している個別案件の対応として現在でも行われていることである。たとえば、筆者がかかわった奈良県生駒市の同和対策事業の終結と一般施策への移行もそうであった。

四　本法の持つ憲法問題

さて、以上のような観点から部落差別解消法の問題点を検討してみたい。

①立法事実の欠如

先述した通り、国や自治体が、属性に基づく差別に対する対策を講じなければならないのは、その「差別」が集団としての属性に基づくものであって、かつ、それが放置できないほどの不利益を発生させている場合でなければならない。

それでは、本法が制定されなければならなかった問題が現実に発生していたのであろうか。本法が国会に提案される際の趣旨説明では以下のように述べていた。

「現在もなお部落差別が存在するとともに、情報化の進展に伴って部落差別に関する状況の変化が生じていることを踏まえ、すべての国民に基本的人権の享有を保障する日本国憲法の理念にのっとり、部落差別は許されないものであるとの認識の下にこれを解消することが重要な課題であることに鑑み、部落差別の解消を推進し、もって部落差別のない社会を実現するため、部落差別の解消に関し、基本理念を定め、並びに国及び地方公共団体の責務を明らかにするとともに、相談体制の充実等について定める必要がある。」

この提案理由によれば、まず、「現在もなお部落差別が存在する」ことと、「情報化の進展に伴って部落差別に関する状況の変化が生じている」ことが本法の立法事実として指摘されている。はたしてそうであろうか。法務省の統計によれば、人権侵犯事件の中での同和問題は、数・割合ともに減少傾向にあり、結婚差別も大きく減少し、インターネットによるものは年間数件に過ぎない。「件名別　人権侵犯事件の受理及び処理件数」によれば、２００６年から２０１５年までの10年間で、人権侵犯事件の受理件数は２２０００件から２４０００件の間を推移しているが、そのうち同和問題（差別）に関するものは、多少の上下はあるものの、２１３件から１２６件へと減少している（２０１３年には２４３件に上昇したが、例外的な数値となっている)。いわゆる同和行政終結後の傾向としては、減少傾向にあるといえる。

振り返ってみれば、１９６５年の同和対策審議会「答申」にもとづき制定された同和対策事業特別措置法(１９６９年)によって、「歴史的社会的理由により生活環境等の安定向上が阻害されている地域」への「経済力の培養、住民の生活の安定及び福祉の向上等に寄与する」ために特別措置を講じ、33年間にわたり16兆円が投下され、その目的は果たされた。そのことは、「同和関係特別対策の終了に伴う総務大臣談話」(２００２年3月29日)としてあらわされている。

「同和関係の特別対策は、…同和地区の経済的な低位性と劣悪な生活環境を、期限を限った迅速な取組によって早急に改善することを目的として実施されてきたものであり、その推進を通じて、同和問題の解決、すなわち部落差別の解消を図るものでありました。国、地方公共団体の長年の取組により、劣悪な生活環境が差別を再生産するような状況は今や大きく改善され、…同和地区を取り巻く状況が大きく変化したこと等を踏まえ、国の特別対策はすべて終了することとなったものであり、今後は、これまで特別対策の対象とされた地域においても他の地域と同様に必要とされる施策を適宜適切に実施していくことになります。」

ここでの認識では、部落差別を理由とする特別措置を国や地方公共団体が行う状況は解消され、一般行政に移行することを明示している。

この談話と本法の提案理由とは明らかに矛盾がある。今なお、国や自治体が積極的に差別是正の措置を講じなければならないというのであれば、談話の後に状況が悪化したとの具体的な事実が示されるべきであるが、先に述べた法務省の統計においても全くその事実を確認することができない。インターネットの普及によるものについても、人権侵害事件は２５６件から１８６９件と10年間で7倍以上の増加をしているのに対して、そのうちの同和関係はこの10年間で0から7件の間で推移している。確かに、インターネットによる情報の拡散は一件でも大きな影響があるが、そのことについての具体的な事実は示されておらず、他の事件との均衡が図られているのかどうかも根拠をもって示されていない。したがってまず、この法案のよって立つ立法事実が欠如していると言わなければならない。

②差別固定化法としての本法

さらに、この法案が求める部落差別解消の国や自治体の施策は時限立法ではなく、恒久法となっている。つまり、「部落」の存在を恒久化するものとなる。前述のように解消すべき具体的な事実が示されていないため、何もできないか、あるいは、何が差別であるのかを行政が決定し、それが解消されていないことを認定し続ければ、行政による措置は永久に継続可能ということになりかねない。女性や黒人、民族は恒久的に存在すべきものとして位置付けられ、それへの差別解消が課題となるので恒久法であることはあろう（ただし、法で規制しなければならない差別がない社会がめざされるべきではあるが）。しかし、「部落」が存在し続けることを恒久化しかねないのが本法である。

③定義規定を欠いた本法―混乱

ところで先にも少し触れたが、本法のさらなる問題点は「部落差別」についての定義を欠くことである。先述のように、国や自治体が属性を根拠に異なる取り扱いをする前提として、その属性を明確にする必要がある。本法は「部落差別解消」を推進するのであるから、「部落」とは何か、そこで生じている「差別」とは何か、を少なくとも明確にしておかなければならない。本法は、そのいずれも明確にしていないし、国会審議でも提案者は「明らか」というだけで何も答えていない。明らかであれば、定義することは困難ではないはずではないか。誰もが納得できる定義規定は絶対に欠くことができない。そもそも「部落」が地域を指すのか、住民を指すのか、出身者を指すのか、それすら不明である。

行政実務は、いかなる事象が「部落差別」となるのか不明なまま、総務大臣談話との整合性を図ることが求められ、混乱が生じることも危惧される。「国及び地方公共団体の責務を明らかに」と言われても、定義規定がないので、この法律は実施することができないであろう（実施不能の法律）。

④定義規定の欠如と法治行政

他方で、法律に定義がないことから、その定義そのものの策定を行政に委ねてしまっていたと考える場合、この法律は行政に行政活動の範囲を白紙委任したことになり、委任の範囲を超えている。そもそも、委任立法による白紙委任は法治行政の原理からも許されないものであり、法律の範囲内でしか委任できないにもかかわらず、その法律が範囲を明確にしていなければ濫用の恐れがある。その意味でも本法は、違憲・違法な法律と言わざるを得ない。

白紙委任は、行政に対する民主的統制の観点から許されてはならない。とりわけ、「差別解消」の名のもとに、国民の意識、つまり内心への権力的介入が人権啓発や人権教育などの名によって行われてきた歴史を考えれば、人権制約にもつながるものであるから、明確な定義は不可欠である。最近の安倍内閣の下で制定された治安立法（特定秘密保護法、通信傍受法、共謀罪法など）にも同様の傾向が見られ、公権力の自由裁量つまり権力強化の姿勢が共通しているように思われる。

しかし、違憲な法律であれ、法律はいったん制定されてしまえば、有効なものとして扱われる。そうなれば同和行政の終結を行ってきた自治体に対して、法律に基づく新たな施策を求めることになる。そうなってしまえば、行政内部では矛盾を抱えながらも、同和行政が永続化し、その結果として部落差別は解消ではなく、それもまた永続化することになる。

五　制度が国民意識をゆがめる—あらたな差別を生み出す—

同和行政は、部落差別の解消に一定の成果を果たし、歴史的役割を終えた。少なくとも2002年の総務大臣談話は、そのことを示している。確かに、部落差別の事象がゼロになったのかと言われれば、そうではないであろう。しかし、すでに国や自治体が特別な差別是正策を講じなければならない状況ではなくなっている。あとは、市民社会での自由な意見交換を通して、「部落」を過去のものとする努力を国民が主体となって行っていけばよい。とりわけ差別意識の解消に権力は介入すべきではない。「差別をすることは悪いこと」という意識は法的に強制すべきではない。

本法は、新たに「部落」を創設し、その結果として部落差別を国民の中に定着させる危険性を持っている。新たな差別の固定化となりかねない。法規範を新たに設けることによって牛じる、新たな差別意識が生み出される。本法は、国や自治体に部落差別解消のための施策を講じる責務を負わせている（第3条）。そのうえで、「部落差別を解消するため、必要な教育及び啓発を行う」（第5条）ことを求めている。差別意識の温存が図られかねない。

差別を温存し、さらに固定化させる本法は、憲法14条の求める差別解消に逆行し、法治行政の原則からも逸脱する違憲性の高い法律と言わざるをえない。

第七章　部落問題解決の到達点と「部落差別解消推進法」の問題点

奥山　峰夫

はじめに

前近代の賤民制の残りものである部落（差別）問題は、近代日本社会が克服すべき重要な課題の一つであった。１９２２年、部落差別の撤廃をめざして出発した部落住民自身による自主的・集団的運動組織である全国水平社は、一定の運動の経験を経て、撤廃すべき部落差別を次のように四つの分野に整理していた。

第10回全国大会（１９３１年12月10日）「運動方針に関する件（草案）」提出・中央常任委員会

「三、特殊部落民の拠点」

A．社会的「一、結婚上の差別（イ、『一般民』と恋愛関係になって夫婦約束成立したる時、いろいろと家庭的悲劇が惹起されること。他）二、交際上に於ける差別」

B. 政治的「一、地方行政に於ける不公平、二、部落民財産及区有財産その他基本財産による差別待遇、三、選挙権及被選挙権行使に対する差別待遇、四、身元調査に於ける差別待遇、五、軍隊、留置場及刑務所に於ける差別待遇」

C. 経済的「一、就職上、失業上に於ける差別」他。

D. 教育的「イ、学校内に於ける児童取扱上に於ける差別」他。

（部落問題研究所編・刊『水平運動史の研究』第四巻資料篇下、1972年）

ここで「特殊部落民の地位」、つまり部落住民がどのような社会的処遇を受けているかを整理している。「差別」「不公平」「差別待遇」としているものを見れば、部落住民であることを理由とした排除・忌避・不公平取り扱いなど、部落住民に実体的害悪（実害）をもたらす事実行為を撤廃すべき部落差別ととらえていることがわかる。この点をまず確認しておくことが必要である。そして、こうした部落差別の累積と密接に関わって、部落に見られた生活諸分野における低位・劣悪性を部落問題ということができよう。

一　同和対策の経緯

同和対策審議会「答申」

部落（差別）問題は、戦後特に1950年代後半以降の高度経済成長の過程を経て、大きく変化をとげることになる。この間、1960年に同和対策審議会（同対審）設置法が成立。同対審は、1963年1月1日現在で基礎調査（行政調査）を実施し、1962・1963年に全国16について精密調査（実態調査）を行った。この調査の中で、「混住」（ここでは、地区に居住する全住民中の「部落住民」の比率）という観点が導入されたことは注目すべきである。

そして、１９６５年8月11日の同対審「答申」は、当時の同和地区（部落）の生活諸分野における低位性・劣悪性をあますところなく描き出した。

結婚については、「結婚に際しての差別は、部落差別の最後の越え難い壁である」「ほとんどが同一地区民間か他地区住民との間で行われ、一般住民との通婚は、きわめて限られている」という状態であった（ちなみに地区外との通婚は11・8％、同和地区同士が80・1％、夫婦とも地区外が8・1％）（「家族と婚姻」）。

また差別言動については、「就職・結婚に際しての差別経験者がことに多く、しかも性別、年齢別にかかわりなく何らかの直接的な差別を経験している」（「同和問題意識」）という状態であった。

「答申」は、これらの実態をうけて、「明確な同和対策の目標の下に―『特別措置法』を制定すること」（「結語―同和行政の方向」）を提起した。

同和対策特別法の制定

「答申」を受けて、１９６９年、同和対策事業特別措置法（同特法）が制定される。同特法は、「対象地域」を特定し、そこへ集中的に予算を投下することによって、「対象地区における経済力の培養、住民の生活の安定及び福祉の向上等に寄与する」ことを目的とするものである（第1条「目的」）。以後、地域改善対策特別措置法（１９８２年制定）、地域改善対策特定事業に係る国の財政上の特別措置に関する法律（１９８７年制定）と名称・対象事業をしぼって、２００２年3月まで特別法が施行された。この間、国・地方自治体あわせて約16兆円が投入されたという。

同和対策と効果測定

同和対策の所轄庁である総務庁（現・総務省）は、１９８５年、「昭和60年度同和地区実態把握等調査―意識調査、生活実態調査」を実施した。この結果を受けて、地域改善対策協議会（地対協／総務庁の審議機関）も、「同対審答申で指摘された同和地区の劣悪で低位な実態は、大きく改善をみた。……現在では、同和地区と一般地区との格差は、平均的にみれば相当程度是正されたといえる」「心理的差別についても……その解消が進んできている」と格差是正の進行を確認している（「今後における地域改善対策について」〈「意見具申」〉１９８６年12月11日）

さらに、１９９３年、総務庁は「平成5年度同和地区実態把握等調査―生活実態調査、意識調査、地区概況調査」を実施した。この調査結果をふまえて、地対協「同和問題の早期解決に向けた今後の方策の基本的な在り方について（「意見具申」）」（１９９６年5月17日）は、「物的な生活環境の改善をはじめとする基盤整備がおおむね完了するなど……様々な面で存在していた格差は大きく改善された」ことを確認し、特別対策の終結を求めた。

他方、「差別意識」が「依然として根深く存在している」とした。また、「同和関係者に対する人権侵害が生じている」とし、新たな人権侵害救済制度の確立を提起した。「差別意識」が依然として根深いとする点、同和関係者に対する「人権侵害」がみられる点についての評価には疑問が残るが、そのことはしばらくおく。

同対審「答申」で、「部落差別の最後の越え難い壁」とされていた結婚の問題についてみると、「夫婦とも同和地区」が57・5％で多いものの、「地区外との通婚」が36・6％（夫婦とも地区外5・9％）となっている。これを地区内に居住する夫の年齢別にみると「地区外との通婚」は、25歳以下では73・5％、25歳～29歳では72・5％になっている。「壁」は破られているのである。

次に「人権侵害」の有無についてみると、「同和地区の人であるということで人権を侵害されたことがありますか」という問いに対して、用意された回答の選択肢は、①結婚、②就職、③学校生活、④職場や職業上のつきあい、⑤日常の地域での生活、⑥その他、となっており、これは「人権侵害」といいつつ、「部落差別」を受けたことがあるか否かを問うものであることがわかる（現在は内閣府が数年ごとに実施している『人権擁護に関する世論調査』の「人権侵害の内容」と比較すれば明らかである）。この問いに対して、「有」33・2％、「無」65・5％（不明1・3％）となっていて、「無」が約3分の2である。これを調査時点から直近の10年以内についてみると、「有」は総数（5万2460人）の12・4％―10人に1人程度にとどまる。

その後は当然のことながら全国的調査は実施されていないが、念のため、府県段階の調査について見ても同様の結果が得られている。

①大阪府「同和問題の解決に向けた実態調査」（2000年）

これには「被差別体験の有無」を問うものがあり（「同和地区内意識調査」）、「差別を受けたことがある」28・1％、「差別を受けたことがない」69・1％、「無回答」2・8％となっている。これを調査時点からみて10年以内のこととすると、回答者総数（7418人）の11・0％にとどまる。

②鳥取県「同和地区実態把握等調査」（２０００年）

この調査には、「人権侵害の有無」を問う項目がある（１９９３年総務庁調査の場合と同じ回答の選択肢が用意されており、「人権侵害」というが、「部落差別」ととらえられる）。結果は、「有」41・69％、「無」56・28％（不明２・03％）である。これを調査時点からみて直近の10年についてみると、総数（５６５４人）の14・18％となる。

同和対策の終結

同和対策の所轄省である総務省地域改善対策室は、「今後の同和行政について」（２００１年１月26日）を示し、「特別対策を終了し一般対策に移行する主な理由」として、(1)「特別対策は、本来時限的なもの。これまでの膨大な事業の実施によって同和地区を取り巻く状況は大きく変化」。(2)「特別対策をなお続けていくことは、差別解消に必ずしも有効ではない」。(3)「人口移動が激しい状況の中で、同和地区・同和関係者に対象を限定した施策を続けることは実務上困難」とした。

さらに、所管省の最高責任者である総務大臣は「同和関係特別対策の終了に伴う総務大臣談話」を出し、同和関係の特別対策は、「同和地区の経済的な低位性と劣悪な生活環境を、期限を限った迅速な取組によって早急に改善することを目的として実施されてきたものであり」、「国、地方公共団体の長年の取組により、劣悪な生活環境が差別を再生産するような状況は今や大きく改善され」た。「このように同和地区を取り巻く環境が大きく変化したこと等を踏まえ、国の特別対策はすべて終了することとなった」と確認したのであった（２００２年３月29日）。以上が、同和特別対策の大まかな経過と到達点である。

二　「部落差別解消推進法」の問題点

以上に述べたような段階に部落（差別）問題は到達しているにもかかわらず、２０１６年5月19日、自民、公明、民進の3党は、「部落差別の解消の推進に関する法律案」を国会に提出、継続審議の後、２０１６年12月9日に参議院で可決・成立し、12月16日に施行された。「部落差別」克服の取組みの歴史的経過を無視した、歴史に逆行するものといわなければならない。以下、「法」に則して若干の検討を行う。

「解消法」は全6条からなっている。

第1条　目的
第2条　基本理念
第3条　国及び地方公共団体の責務
第4条　相談体制の充実
第5条　教育及び啓発
第6条　部落差別に関する実態調査

法案の「提出理由」として、まず「現在もなお部落差別が存在する」という前提のもとに「情報化の進展に伴って部落差別に関する状況の変化が生じていることを踏まえ……部落差別は許されないものであるとの認識の下にこれを解消することが重要な課題であることに鑑み、部落差別の解消に関し、基本理念を定め、並びに国及び地方公共団体の責務を明らかにするとともに、相談体制の充実等について定める必要がある」

という。以下、いくつかの問題点をあげてみる。

部落差別の定義がない

第1条は法律の「目的」を掲げ、「部落差別」が存在し、これを解消するという。しかし、解消すべき「部落差別」について定義がされていない。これは奇異なことといわなければならない。

例えば、1993年の総務庁調査において「人権侵害」が見られ、「人権侵害救済制度」が機能していないとして、2003年に国会に提出された「人権擁護法案」（継続審議の後に2005年廃案）ですら、「人権侵害」の定義（第3条）を行い、「この法律において『人権侵害』とは、不当な差別、虐待その他の人権を侵害する行為をいう」（傍点、筆者）と、定義になっていないが、定義にあたるものをおいていた。しかし、これにあたるものがない。

もう1つ、例えば2016年4月1日施行された「障害を理由とする差別の解消の推進に関する法律」（障害者差別解消法）を見ても、第2条に定義をおき、「一　障害者　身体障害、知的障害、精神障害（発達障害を含む。）その他の心身の機能の障害（以下「障害」と総称する。）がある者であって、障害及び社会的障害により継続的に日常生活又は社会生活に相当な制限を受ける状態にあるものをいう」とある（二以下略）。これが通例であろう。

「基本理念」（第2条）

部落差別解消の必要性について、「国民一人一人の理解を深めるよう努めることにより、部落差別のない社会を実現することを旨として」とある。つまり、国民の理解が深化することによって部落差別が解消するととらえているということであろう。ここで問題は、国民一人一人の理解の深化をどのようにして測定するかということであるが、測定は実際上は不可能である。

「意識調査」がすぐに思い浮かぶが、社会的な問題の場合、100%の「正解」はあり得ない。この点に関しては、自民党の友誼団体である自由同和会がインターネット上などで部落の地名が表示されることについて、次のように指摘していることは傾聴すべきである。

「部落地名総鑑を見ても、差別の助長になると大騒ぎするのではなく、淡々と処理すればいいことで、未だに差別があることの根拠にすることは差別の現状を見誤る危険な所業といわざるを得ない。同和地区に住む人達を差別しようとする悪意を持った確信犯的な人は絶対になくならない。そのような差別を好む者が部落地名総鑑を作成してインターネットに流すなど悪用した場合には、毅然として対処することは当然であるが、今や混住化が進み半数以上は同和関係者以外の人達であることを広報することのほうが部落地名総鑑を無意味にする近道ではないだろうか」（自由同和会「平成23年度運動方針」四、「人権侵害の処理及び被害者の救済」、『ヒューマン Journal』第197号＝2011年6月）。

そもそも国民の理解が100%になることは想定できないし、また測定不能なのである。

地方公共団体の責務―「地域の実情に応じた施策」とは（第3条）

国及び地方公共団体は、「部落差別の解消に関する施策」を講ずることが責務とされるが、一体何を行うのか。

旧同特法では、第6条が「国の施策」として、①生活環境の改善、②社会福祉・公衆衛生の向上、③農林漁業の振興、④中小企業の振興、⑤雇用の促進、⑥学校教育・社会教育の充実、⑦人権擁護活動の強化、⑧その他必要な措置をあげており、第8条で「地方公共団体の施策」として「国の施策に準じて必要な措置」をとることとされていた。

にもかかわらず、地方自治体段階で、はたして同和対策として適切かどうかという事業も自治体の単独事業として行われてきた。すぐに思いつくところをあげると、例えば京都府綾部市の冠婚葬祭用の式服の借用の補助、京都市の大学進学の予備校の奨学金などがあった。今日なお同和特別対策・政策を求める社会的勢力が存在するもとで—部落解放同盟が最たるものであろう—しかも、「施策」について定めがない状態では、かつて不公正・乱脈といわれた同和行政の再現の恐れなしとしない。地方自治体段階での問題の発生は必至だろう。

「部落差別」の実態調査とは（第6条）

そもそも「部落差別」の定義がないまま、どのようにして「部落差別」の「実態調査」を行いうるのか。1993年の総務庁調査によって、混住率をみると、「同和関係以外人口」、つまりもともと「部落」の人ではない人の比率が58・7％となっている（「同和関係人口」は41・3％）。今日ではさらに人口移動がすすんでいると推定される。また、1993年調査の際には、調査員（市町村職員）が「協力員（同和関係者その他の地元精通者）の協力を得て」調査に及んでいる（「調査の概要」「調査の方法」『平成5年度同和地区実態把握等調査—生活実態調査報告書』総務庁地域改善対策室、1995年）。それから20年余りが経過し、

「協力員」を得ることも容易ではないだろう。

「解消法」が時限立法でないこと

これまでの同和対策に関する法律（「同和対策事業特別措置法」「地域改善対策特別措置法」「地域改善対策特定事業に係る国の財政上の特別措置に関する法律」）は、いずれも時限を定めた時限立法であった。

この点について、「無期限でだらだらやるより、時限を切ってそれまでにやりきるんだという意気込みが必要との意見が大勢だった」（元・総理府参事官小熊鐵雄「二十五年前」、総務庁地域改善対策室編『同和行政四半世紀の歩み』中央法規出版、1994年）という見方がある。それより何より、「同和問題もまた、すべての社会事象がそうであるように、人間社会の歴史的発展の一定の段階において発生し、成長し、消滅する歴史的現象にほかならない。したがっていかなる時代がこようと、どのように社会が変化しようと、同和問題が解決することは永久にあり得ないと考えるのは妥当でない」（同対審「答申」第1部同和問題の認識―同和問題の本質」）とする基本的認識が前提にあることをみておく必要がある。

同様の認識は、松本治一郎（全国水平社議長、衆議院議員、戦後部落解放同盟委員長、参議院議員、同初代副議長）が、「ああいう集会（「答申」完全実施要求国民運動中央集会）に行くと必ず『盛大なことをよろこぶ』というあいさつがある。……解放運動をやらなければならぬ社会が存在することが間違っておること、それがしっかりわかっとらんもんだから、儀礼的によろこびを言ったりね」（1966年1月30日、『松本治一郎対談集　不可侵不可被侵』部落解放新書、1977年）と述べているのも、同様の歴史的認識が前提にあるからであろう。

こうしてみてくると、「解消法」を半永久的法律として提案、成立させることなど、先人の取組から何ものをも学ばない情けない所業と言わざるを得ない。

むすび――「解消法」を必要とする立法事実は存在しない

既に総務庁の全国調査、大阪府・鳥取県の調査で見たように、「解消法」を必要とする社会的、経済的、科学的な事実、つまり立法事実は存在しない。

念のため、立法事実とは、手元の用語辞典では次のように説明されている。

「法律の制定を基礎づけ、法律の必要性や合理性を支える社会的、経済的、科学的な一般的事実。それには、立法の必要性や立法目的の合理性を裏づける事実や、立法目的を達成するための手段の合理性を基礎づける事実等が含まれている」（佐藤幸治他『コンサイス法律用語辞典』（三省堂、２００３年）。

この点について、『全国のあいつぐ差別事件』（編集・発行は、「同和対策事業特別措置法」の強化改正要求国民運動中央実行委員会→部落解放基本法制定要求国民運動中央実行委員会→部落解放・人権政策確立要求中央実行委員会。発売元は解放出版社）に収録されている資料について見ておこう。収録資料はほとんどが部落解放同盟機関紙『解放新聞』とその都府県版である。

その内容は、「部落差別は今なお深刻である」（「発行にあたって」１９８１年版）、「国民の中に部落差別の観念が充満し、部落への増悪、攻撃といった露骨な差別事件が表れております」（「第2集発行にあたって」１９８４年版）ということを言い、それ故に特別の法的措置が必要であることの根拠としようとするものである。

この資料を見ていくと、たしかに1970～1980年代のものには「結婚差別」「就職差別」とみられる事例がいくつか見受けられる。しかし近年になると、そういうものは影をひそめる。確かに不適切な言動だと思われるものも見られるが、部落住民に実体的悪害（実害）をもたらすものは見当たらない。

例えば2015年版で「結婚差別」の例としてとりあげられているものは、娘が部落の青年と結婚した後に、母親がそれを非難する発言をしたというもの（2014年3月、香川県連調べ）である。結婚自体は成立しているのに、これを「結婚差別」とするのはいかにも奇異である。同じ2016年版「結婚にかかわる差別事件」の項を見ると、とりあげられているのは、結婚にかかわって、奈良県御所市・桜井市に同和地区について問合せ（奈良県版2016年2月10日付）、京都府福知山市に同様の問合せがあった（2016年7月17日　京都府連調べ）というものである。

この場合（奈良県、京都府）、その行為は不適切であったとしても、部落住民の婚姻の自由が侵害された、「結婚差別」が発生したということは確認されていない（あえていえば、「結婚差別予備」あるいは「結婚差別準備行為」とはいえるかもしれないが）。こういう事柄も「差別事件」としなければならなくなっているのである。「就職差別」では、本人の能力適性以外の事柄を質問したという、いわば形式的なもので、それによって不採用にしたというものではない（『解放新聞』2014年12月15日）。念のためにいえば、「解消法」の如きは「結婚差別」「就職差別」に対応しえない。それは市民社会の成熟にまつべきものであろう。

『全国のあいつぐ差別事件』も、編集・発行者の意図に反して特別の法律を必要としないことを示すデータになっているといいえなくもない。

第八章　「部落差別解消推進法」をめぐる状況と運動課題

新井　直樹

一　法制定の経過

２０１６年1月4日から開催された第１９０国会において、「部落差別の解消の推進に関する法律案」(同和問題に特化した法律案) が提案された。この法案は、自由民主党の二階俊博・幹事長の肝入りで党内に「差別問題に関する特命委員会」の下部組織 (「部落問題に関する小委員会」) が２０１６年3月10日に設置され、自由同和会や部落解放同盟などからのヒヤリングを経てまとめられ、法務部会との合同部会で了承された。自民党は法務委員長提案とすべく各方面に働きかけたが、5月13日自民党の政調審議会及び総務会で法案の了承がはかられ、公明党・民進党の党内合意手続きを経て議員提案となった。

法案は5月19日、自民党・公明党・民進党の3党共同提案で衆議院に提出された。提案者は二階俊博議員外8名である。5月20日に法務委員会閉会間際に法案を読み上げただけの趣旨説明がなされ、当初5月25日には質疑終局、採決と言われていたが、日本共産党のみの反対質疑が行われた。

9月26日から開催された第１９２臨時国会では、「当初の予定であった11月4日の採決が反対勢力の抵抗で延期され」（自由同和会ＮＥＷＳ）、16日開催の衆議院法務委員会で賛成多数で可決、翌日の17日の衆議院本会議で可決されて参議院へ送付された。参議院では、12月1日の参議院法務委員会で審議入りし、6日には参考人からの意見聴取が行われた。参考人は3団体と1名の弁護士の計4名。参考人は、各自15分の意見陳述を行い、次に、自民、民進、公明、共産、維新、沖縄、無所属の全会派から各15分の質疑、続いて希望会派として、自民、民進、共産から各25分の質疑があり、午後1時から5時までの参考人からの意見聴取を終えた。

「法案成立の最大の山場である参考人からの意見聴取」（自由同和会ＮＥＷＳ）を終え、12月8日の参議院法務委員会で最後の審議を経て、賛成多数で可決された。法案可決に際して、附帯決議が提案され承認し、翌9日の参議院本会議で賛成多数で可決され、成立した。

二　12月6日の参議院法務委員会意見陳述（新井）

「部落差別の解消の推進に関する法律案」は時代錯誤であり、部落問題に新たな障壁を作り出すもので、断固反対の立場から意見を述べます。

1　全国人権連の成り立ちと運動の課題

先ず、全国地域人権運動総連合（略称・全国人権連）の成り立ちを説明します。組織の前身は全国部落解放運動連合会（略称・全解連）といいます。１９７０年に部落解放同盟の暴力と利権あさりをただし運動の正常化にむけた全国組織である、部落解放同盟正常化全国連絡会議を解放同盟組織人員の3分の1を結集して発足し、１９７６年には全解連に発展改組をし「国民的融合論」を実践してきました。その後、全解連は社会問題としての部落問題は基本的に解決された、との到達点を共通認識にし、２００４年４月に全国人権連に発展的転換をし、「地域人権憲章」を掲げ12年の実践が経過しています。

私が１９７９年部落解放運動に参画した当時は、国民融合による部落問題の解決を基本に、新旧２つの差別主義、つまり旧い遅れた考えなどにもとづく差別と差別を利用した物とり主義による新たな差別の増長を克服することが基本でした。また、解放同盟の推薦なしに同和対策事業が実施できない、受けられない等の同和対策事業の私物化を排除すること、教育集会所等の指導員や講師、運営委員の解放同盟による独占を無くすこと、同和対策事業を実施するために「地区指定」の申請を住民・行政の合意の下に行うこと、周辺住民の理解の得られる事業の取り組みや考え方を行政に徹底することなどが主要な課題でした。

2　部落問題とその解決とは何か

もともと部落問題は近代社会への移行の際に、徹底した民主主義が実現せず、社会の仕組みに前近代的なものが再編成された結果、新たに生み出され残されてきた問題です。全解連は１９８７年３月の第16回大会で、「21世紀をめざす部落解放の基本方向」という綱領的文書を決定しました。

そこで部落解放運動団体としてはじめて、部落問題、その解決された状態について４つの指標を提起しました。①部落が生活環境や労働、教育などで周辺地域との格差が是正されること、②部落問題にたいする非科学的認識や偏見にもとづく言動がその地域社会で受け入れられない状況がつくりだされること、③部落差別にかかわって、部落住民の生活態度・習慣にみられる歴史的後進性が克服されること、④地域社会で自由な社会的交流が進展し、連帯・融合が実現することです。

特に重要な点は、差別事象が起きてから、それを問題化して取り上げるのではなく、常日頃から部落問題にたいする非科学的認識や偏見に基づく言動がその地域社会で受け入れられない状況を積極的につくり出していくことを打ち出した点です。

そのための課題として、1つ目には、部落解放同盟がいう「部落民以外は差別者」などという部落排外主義の理論を駆逐し、私たちの、いわゆる国民的融合、国民連帯の理論と政策を、住民の間に積極的に普及して、正しい運動への支持と共感を広げること。2つ目には、自主・民主・合意を原則とした啓発を行う。3番目には、教育の現場で偏向教育である「解放教育」、いわゆる「部落民宣言」を子どもたちに強要する。さらには「部落問題だけを社会問題で重要である」といわんばかりに、それを第一主義的に教える教育。こうした「解放教育」を排除して、子どもの人権、教職員の人権、権利を保障する、憲法を教育の軸にすることが必要というものです。

重ねて言いますが、部落問題の属性つまり固有の性質は、封建的身分そのものではなく「封建的身分の残滓、のこりもの、後遺症」です。部落問題は民主主義の前進をはかる国民の不断の努力を背景に、高度経済成長とこれに起因する社会構造の変化もあって、解消に向かって大きく前進しました。そして、部落問題はその後のわが国の企業社会・管理社会化、更にはバブル経済の崩壊による国民一般の犠牲が強化されるなかにおいても、不可逆的に解決が進んできたものです。

その結果、国民の多くが日常生活で部落問題に直面することはほとんどなくなり、新たに部落問題に関心を寄せる若い世代も急速に減少することになりましたが、この事実は、部落問題解決の著しい前進と共に喜ばしいことと評価できるものです。

3　「部落差別の解消の推進に関する法律」案の問題点

（1）表現の自由を侵害し、「糾弾」を合法化する

部落解放同盟などは１９８５年に「部落解放基本法（案）」の制定運動を始めます。法案解説文では、理由を次のように述べています。「高度情報化時代を反映して、インターネットを利用した差別扇動が多発しており、教育・啓発のさらなる充実強化と同時に、悪質な差別に対しては法的規制が考慮されねばなりません」と。今回の法案は、かねてからの解放同盟の要求を下敷きにし、「部落差別は許されない」と概念規定も無しに記述しているものです。これは解放同盟等の勝手な解釈を認めるものです。自らの不利益まで「部落差別」と捉える運動団体にとっては、言論表現の分野のみならず、自治体での施策実施を迫る際、この文言が介入の口実を与えることになるものです。

それは無法で私的制裁そのものである「差別糾弾」の合法化に通ずるものです。これでは、差別の解消ではなく、新たな人権侵害を引き起こします。

（2）立法事実は存在しません

社会問題、つまり資本の搾取・収奪がとくに激しく行われるような社会集団、社会層がある場合で社会的差別を特別な内容としている問題に、部落問題が位置づけられてきました。しかし、33年に及ぶ同和対策事業の実施により、部落の世帯構成などに著しい変化が生じ、政府も２００２年３月末で特別対策を終結した理由のなかで、大きな変化を認めています。

総務省大臣官房地域改善対策室が２００２年３月にまとめた「同和行政史」のなかで「特別対策を終了する理由」を３点挙げていますが３点目を述べます。

第三は、経済成長に伴う産業構造の変化、都市化等によって大きな人口移動が起こり、同和地区においても同和関係者の転出と非同和関係者の転入が増加した。このような、大規模な人口変動の状況下では、同和地区・同和関係者に対象を限定した施策を継続することは実務上困難になってきていることである。というものです。ここで「同和地区においても同和関係者の転出と非同和関係者の転入が増加」と指摘している点については、従来言われてきた「部落」が部落でなくなっている状況を指しています。

いまから23年前の１９９３年の時点ですら、全国の同和地区の状況は、政府調査をもとにした統計で推定すれば、全世帯の内で、夫婦とも「同和関係者」は24・7％、夫婦いずれか一方が地区外は15・8％、夫婦とも同和関係者でないは59・5％となっています。いずれにしても、従来の「部落」の枠組みが崩壊し、「部落」が部落でなくなっている状況です。

いわゆる「部落」および「部落民」はいずれも、部落の住宅・居住環境や生活実態にみられた低位性、格差の解消、部落内外の人口・世帯の転出入の増加、「部落民」としての帰属意識の希薄化などにともなって、今日ではすでに消滅及び過去の歴史的概念になりつつあり、実体として現実把握がしがたいものとなってきているということです。よって部落問題は従来の社会問題としての性格を大きく変えており、変化した問題を正しく認識しないと解決の道を誤ります。

このことからも、「部落差別」の定義はおかなくても国民のだれもが一義的に理解する、歴史的経緯をふまえたら定義しなくても一義的に明確などという発議者の答弁は実態から全くかけ離れているものです。

一方で具体的な実害としての部落差別は、ヘイトスピーチ問題とは異なり、公然と差別言辞や行動をおこす状況にはありません。そうした行為が時として発生しても、それらの言動を許さない社会的合意が強く存在しています。また、インターネットなどでの匿名による陰湿な情報流通も起きたりしますが、それらも公然と支持が得られる状況にありません。

（３）同和特権と事業利権復活の目論み

法案は「地域の実情に応じ、部落差別を解消するため、必要な教育及び啓発を行う」となっており、同和対策事業の復活につながりかねない非常に無限定な規定があります。地方自治体は同和行政終結を進めてきましたが、この法の規定が逆流を起こさせ、自治体や住民に混乱を招くものです。

私たちは、行政が偏見を拡大している人権意識調査の問題の是正や封建社会の身分制の一面を強調する義務教育段階での学習の廃止と教科書記述の見直し問題なども提起しています。

（４）部落の固定化と旧身分の洗い出しという人権侵害を恒久的に行う問題

法案は「差別の実態調査」を国や自治体に要請していますが、同和にかかわる特別法は14年前に既に失効し、行政上「同和地区」「同和関係者」という概念は消滅しています。これを復活させ、部落と部落外という人為的な垣根を法律の名で固定化させるものです。「調査」は、調査の名による「関係住民」の特定化、顕在化で、差別の垣根を未来永劫残すものです。

またかつての「意見具申」「啓発指針」が問題の是正を指摘した課題も払拭しきれないもとで、国民の内心に介入し「差別意識」の改変を啓発や教育と称して迫ることは、憲法違反であり人権侵害ははなはだしき事態であり、法をたてに強要は許されません。

終わりに、全国人権連は、部落問題の解決をはかってきた歴史的社会的営みの到達点を政治的思惑で根底から壊すことになる「『部落差別』固定化法案」の参議院での徹底審議・廃案を求めて、意見発表を終えます。

三　論戦の成果

1　「自民党二階派と部落解放同盟の合作」というべき突如の法案が、部落問題とその解決の歴史を冒瀆する逆流であることを明らかにし、数にまかせて国会を国会でなくす「審議ぬき強行」路線に真正面から対決しました。

2　参議院において画期的な参考人質疑を実現しました。人権連、自由法曹団とともに自由同和会の参考人が解同の認識を正面から批判し、解同の孤立が浮き彫りになりました。それは、特異な解同理論を下敷きにし「部落解放基本法」要求の系譜につらなる法案の危険性を徹底して明らかにした論戦とあいまって、党派を超えた危険性の認識をひろげることになりました。

3　法案提案者が、「糾弾は一切ないようにきちっと条文をつくった」「旧同和三法のような財政出動の根拠に使われるものではない」「旧同和地区や地区住民を特定した実態調査はまったく考えていない」などと弁明に回らざるを得なくなりました。そのもとで、「新たな差別を生むことのないよう留意する」などとする参院附帯決議を付すことができました。

四　今後の課題

法律の乱用を許さない

「解同」は、これまで〝部落差別〟の罰則と救済を求める「差別禁止・救済法」の制定を求めてきました。「解同」は今回の法律に入った「部落差別は許されない」「部落差別の解消に関する施策を講ずる」との文面だけをとらえ、法律を乱用しようとしています。

その例として大分県宇佐市があります。1月半ば「解同」が「被差別部落の実態把握」を市当局に迫りました。旧「同和地区」の世帯数と構成、学歴調査などです。同市の担当者はこれにたいし、「県下全市町村で実施・分析するよう、県に要望したい」と回答しています。

しかし同法がいう「相談体制の充実」「教育・啓発」「部落差別の実態調査」は国の方針のもとにやることです。実態調査の項目（第6条）は「国は…」と、主語が国になっています。自治体独自にはできません。このことは、全国人権連が２０１７年１月27日に行った法務省要請の場でも改めて明瞭となりました。法務省要請で、人権連として宇佐市の事例を紹介して追及しました。同省の担当者は、宇佐市の回答を疑問視し、調査を約束していています。

また兵庫県の「解同」は、自治体などへの要求項目を、○部落差別解消と人権擁護の条例の制定、○「推進法」制定の周知、○人権部局の体制強化と地方法務局への相談体制の強化・充実要請、県隣保館連絡協議会との連携強化、○学校教育・社会教育での部落問題学習推進、「推進法」の内容や部落差別の現状をふまえた市民啓発体制の拡充、○部落差別にかかわる人権侵犯事件などの調査、インターネット上での部落差別事象の「モニタリング制度」の導入、○被差別部落の総合的な実態調査の政府への働きかけと独自の被差別部落の実態調査実施、などを掲げており警戒が必要です。

国会審議と附帯決議の順守を

国・自治体にたいし法の乱用を許さず、附帯決議を順守するよう求めることが必要です。各地で実情に合わせて運動をすることにしています。

埼玉県では2市1町が、議会の承認のうえで同和事業廃止の通知をしたところ、「解同」が〝廃止無効確認〟の裁判を起こしましたが、2016年9月さいたま地裁で全面敗訴しています（2017年2月15日第1回控訴審）。本庄市と上里町議会では、今度の法律についても反対の立場を明確にしています。同和行政・教育を終結させる運動がいっそう重要になっています。

3月に開かれた「解同」の大会で組坂委員長は「法律を活用し、国や自治体が実態調査することなしに差別解消はない」と訴えたと報道されています。

文科省は2月初めに、社会教育課長等4名の連名で、都道府県教育委員会に通知を行いました。「本法及び附帯決議について十分了知されるとともに、本法及び附帯決議を踏まえた適切な対応について御留意」願うというものです。法務省は「調査の内容や手法等を検討の参考とするため、全国の法務局・地方法務局を通じて、全ての都道府県、市町村及び特別区に対し」過去（10年間）に実施した同和問題についての調査の有無等を照会しています。（次頁資料1A、1B）

一方、最近の大阪府下の人権意識調査で、同和問題に係わり「同和地区や同和地区の人々に対する差別があると思いますか」という設問に、50％あまりが「ある」と回答。50歳代から下の世代4～5割は学校で教わり、各世代の2～3割は家族などから。「差別的な言動などを見聞きした経験年齢」では50歳代の24・5％を頂点に、年齢が上るまたは下るにつれて低くなり、20歳未満は1割未満です。こうした「意識実態」は

【依頼先の地方公共団体名】　担当部局　御中

資料１A　同和問題についての調査に関する照会について

平素から当局の人権擁護行政に格別の御配慮と御協力を頂き，御礼申し上げます。

さて，昨年１２月１６日に「部落差別の解消の推進に関する法律」（平成２８年法律第１０９号）が施行されたところ，同法第６条において「国は，部落差別の解消に関する施策の実施に資するため，地方公共団体の協力を得て，部落差別の実態に係わる調査を行うものとする。」と規定されたことを踏まえ，現在，当局において，同条に規定する調査の内容や手法等を検討しておりますが，その検討に当たって，地方公共団体において過去に実施した同和問題についての調査の資料を参考として収集したいと考えています。

つきましては，御多忙の折，大変恐縮ではありますが，別添「回答要領」をご参照の上，貴団体において平成１９年度以降に実施した同和問題についての調査の実施の有無を御確認いただき，別添回答書に同調査の実施の有無及び，該当する調査がある場合には，当該調査の結果報告書の公表の有無を記載するとともに，当該報告書の写し等の資料を同回答書に添付の上，平成２９年２月２４日までに，照会元の法務局・地方法務局担当者宛てに回報していただきますようお願い申し上げます。

なお，本照会に関する問合せ等は，照会元の法務局等担当者までお願いいたします。

平成２９年２月
法務省人権擁護局

資料１B　回答要領

１　概要
本照会は，平成２８年１２月１６日に施行された「部落差別の解消の推進に関わる法律」第６条で，「国は，部落差別の解消に関する施策の実施に資するため，地方公共団体の協力を得て，部落差別の実態に係る調査を行うものとする。」と規定されたことを踏まえ，その調査の内容や手法等を検討の参考とするため，全国の法務局・地方法務局を通じて，全ての都道府県，市町村及び特別区に対し，過去に実施した同和問題についての調査の有無等を照会するものです。

２　照会の内容
（１）過去１０年間（平成１９年度以降）に各地方公共団体が実施した同和問題についての調査を紹介の対象とします。同年度以降，複数回調査を実施している場合は，その全てについてご回答願いします。
（２）紹介の対象となる過去の調査は，同和問題を調査の主たるテーマとしたもののほか，例えば人権問題一般に関する調査の中で同和問題を質問項目として取り上げたもの等も含むこととします。
（３）①地方公共団体が直接に実施した調査のほか，②各種機関に調査委託して実施したもの，③地方公共団体の関係機関・団体（例えば，都道府県人権センター等，中立性・公平性を有する関係機関・団体）が独自に実施したものについても，①地方公共団体が直接に実施した調査に準ずるものとして，回答に含めていただくようお願いします。
（４）対象となる過去の調査の形式を問うものでなく，例えば，一般住民を対象とした意識調査のほか，特定の地域の住民等を対象とする聞き取り調査その他の形式による調査も含むこととします。

３　回答の方法
本照会は，法務省人権擁護局から全国の法務局・地方法務局を通じて，全ての都道府県，市町村及び特別区に対し，上記２の内容で行うもので，別添回答書に過去の同和問題についての調査の実施の有無及び，調査の実績がある場合は，当該調査の結果の公表の有無，範囲及び方法を記載するとともに，当該調査の結果報告書等の写しを同回答書に添付の上，同回答書等を法務局・地方法務局担当者宛てに回報していただく方法によることとします。

４　回答期限
平成２９年２月２４日までに，照会元の法務局・地方法務局担当者宛てに回報願います。

５　回答結果の取扱い

何を反映しているのでしょうか。糾弾の評価に係わる調査項目も有ります。啓発等に資することを目的とする国の調査ですが、附帯決議でいう「あらたな差別を生まない」ことの遵守を政府に強く求める交渉や人種差別撤廃条約に係わる第10回・第11回日本政府報告やカウンターレポートとも係わり、国内の正しい情報を関係機関に提供する課題もあります。

この法律は、恒久法の形態となっていますが、事実上、法の実効化をさせないことは十分可能です。日本共産党をはじめ政党や議員、自治体職員、教職員、法曹界などと情報交換をして、共同を広げるものです。

資料2　２０１７年１月27日　全国人権連による法務省交渉の記録（『地域と人権』２月15日号）

法務省人権擁護局との交渉は、丹波正史議長、吉村駿一副議長、新井直樹事務局長等17名が参加。省は森本加奈総務課長をはじめ人権啓発課長、人権救済課長等が応対しました。

要求内容では先ず、12月16日に公布された「部落差別解消推進法」について、「部落差別」の定義がなく具体的実施が不能とする立場から省の見解を求めました。また参議院附帯決議は「過去の民間運動団体の行き過ぎた言動等、部落差別の解消を阻害していた要因を踏まえ、これに対する対策を講ずることも併せて、総合的に施策を実施すること」「教育及び啓発により新たな差別を生むことがないように留意しつつ、それが真に部落差別の解消に資するものとなるよう、その内容、手法等に配慮すること」「国は、部落差別の解消に関する施策の実施に資するための部落差別の実態に係る調査を実施するに当たっては、当該調査により新たな差別を生むことがないように留意しつつ、それが真に部落差別の解消に資するものとなるよう、その内容、手法等に慎重に検討すること」の３点について、それぞれどのように受け止めているのか、法の解釈を明らかにすることを求めました。

法に記された「部落差別」について省は、これまで「同和問題」という用語を用いており、法は同和問題に関する差別を念頭にしているとの理解を示しました。また「行き過ぎた言動」について仮にあれば新たな差別を生むものとなる。教育啓発は行政機関の主体性中立性の確保が求められる。「実態に係わる調査」は内容の検討の方法も含め考えていると回答。

参加した大分県宇佐市の議員から1月20日、市との話し合いで解放同盟は「同和地区住民」の学歴や年収の調査を要求し、市は「県に実施を求める」と回答したことを取り上げ、法の乱用が既に生じていると省に事実確認を求めました。省は「法律上調査は国が行うもの」と回答し調査を約束しました。参加者は自治体や国民に混乱が生じないよう、国は早期に法や附帯決議の解釈を明らかにすべきだと迫りました。

群馬県連の代表は、12月はじめに渋川市内で標柱に落書きがされた事に対し、前橋法務局は市の相談に対して広報への掲載を指導した問題を取り上げ、「差別事象ではない」ものだと、指導の撤回を強く求め、省は事実確認を約束しました。

また公益財団法人人権教育啓発推進センターの広報誌『アイユ』は1月号に法成立の意義を掲載し、「差別落書き」も続出との認識を示すなど誤った理解が拡散されていると指摘し、同和問題パンフ類の中味や人事も含め、センターの公正・中立を指導することを強く求めました。

資料　部落差別の解消の推進に関する法律（２０１６年12月16日公布　法律番号１０９）

（目的）

第一条　この法律は、現在もなお部落差別が存在するとともに、情報化の進展に伴って部落差別に関する状況の変化が生じていることを踏まえ、全ての国民に基本的人権の享有を保障する日本国憲法の理念にのっとり、部落差別は許されないものであるとの認識の下にこれを解消することが重要な課題であることに鑑み、部落差別の解消に関し、基本理念を定め、並びに国及び地方公共団体の責務を明らかにするとともに、相談体制の充実等について定めることにより、部落差別の解消を推進し、もって部落差別のない社会を実現することを目的とする。

（基本理念）

第二条　部落差別の解消に関する施策は、全ての国民が等しく基本的人権を享有するかけがえのない個人として尊重されるものであるとの理念にのっとり、部落差別を解消する必要性に対する国民一人一人の理解を深めるよう努めることにより、部落差別のない社会を実現することを旨として、行われなければならない。

（国及び地方公共団体の責務）

第三条　国は、前条の基本理念にのっとり、部落差別の解消に関する施策を講ずるとともに、地方公共団体が講ずる部落差別の解消に関する施策を推進するために必要な情報の提供、指導及び助言を行う責務を有する。

2　地方公共団体は、前条の基本理念にのっとり、部落差別の解消に関し、国との適切な役割分担を踏まえて、国及び他の地方公共団体との連携を図りつつ、その地域の実情に応じた施策を講ずるよう努めるものとする。

（相談体制の充実）

第四条　国は、部落差別に関する相談に的確に応ずるための体制の充実を図るものとする。
2　地方公共団体は、国との適切な役割分担を踏まえて、その地域の実情に応じ、部落差別に関する相談に的確に応ずるための体制の充実を図るよう努めるものとする。
（教育及び啓発）
第五条　国は、部落差別を解消するため、必要な教育及び啓発を行うものとする。
2　地方公共団体は、国との適切な役割分担を踏まえて、その地域の実情に応じ、部落差別を解消するため、必要な教育及び啓発を行うよう努めるものとする。
（部落差別の実態に係る調査）
第六条　国は、部落差別の解消に関する施策の実施に資するため、地方公共団体の協力を得て、部落差別の実態に係る調査を行うものとする。

衆議院法務委員会附帯決議（２０１６年11月16日）

政府は、本法に基づく部落差別の解消に関する施策について、世代間の理解の差や地域社会の実情を広く踏まえたものとなるよう留意するとともに、本法の目的である部落差別の解消の推進による部落差別のない社会の実現に向けて、適正かつ丁寧な運用に努めること。

参議院法務委員会附帯決議（２０１６年12月８日）

国及び地方公共団体は、本法に基づく部落差別の解消に関する施策を実施するに当たり、地域社会の実情を踏まえつつ、次の事項について格段の配慮をすべきである。

一　部落差別のない社会の実現に向けては、部落差別を解消する必要性に対する国民の理解を深めるよう努めることはもとより、過去の民間運動団体の行き過ぎた言動等、部落差別の解消を阻害していた要因を踏まえ、これに対する対策を講ずることも併せて、総合的に施策を実施すること。

二　教育及び啓発を実施するに当たっては、当該教育及び啓発により新たな差別を生むことがないように留意しつつ、それが真に部落差別の解消に資するものとなるよう、その内容、手法等に配慮すること。

三　国は、部落差別の解消に関する施策の実施に資するための部落差別の実態に係る調査を実施するに当たっては、当該調査により新たな差別を生むことがないように留意しつつ、それが真に部落差別の解消に資するものとなるよう、その内容、手法等について慎重に検討すること。

執筆者

第1章	成澤　榮壽	（なるさわ　えいじゅ）	部落問題研究所
第2章	石倉　康次	（いしくら　やすじ）	立命館大学
第3章	大塚　茂樹	（おおつか　しげき）	ノンフィクション作家
第4章	東川　嘉一	（ひがしかわ　かいち）	前・豊田四区自治会長
第5章	榎本　清司	（えのもと　きよし）	平間区役員事務局長
第6章	丹羽　　徹	（にわ　とおる）	龍谷大学
第7章	奥山　峰夫	（おくやま　みねお）	部落問題研究所
第8章	新井　直樹	（あらい　なおき）	全国地域人権運動総連合

ここまできた部落問題の解決
—「部落差別解消推進法」は何が問題か—

2017年9月20日　初版印刷・発行

編　者　　部落問題研究所
発行者　　尾　川　昌　法
発行所　　部落問題研究所

京都市左京区高野西開町34—11
TEL 075(721)6108　FAX 075(701)2723

ISBN978-4-8298-1080-4